READERS

Über die Autorin

Alina Sawallisch, geboren 1992 in Hamburg, hatte die Idee zu ihrem Roman »Auch der Mond wirft Schatten« schon mit 14 Jahren. Die Geschichte begleitete sie über die Jahre – wuchs und gedieh – und wurde mit ihr zusammen erwachsen. Der rote Faden webte mit immer neuen inspirierenden Einflüssen der unterschiedlichen Lebensabschnitte sein Netz zu einem liebevoll durchdachten Buch.
Als Illustratorin für Magazine und Buchprojekte lernte Alina früh, Charakteren ein Aussehen zu geben, und verlieh ihren Hauptfiguren mit Freuden ein Gesicht. Ihre Geschichte selbst zu illustrieren, stand für sie außer Frage, und mit jedem Bild, welches sich aus Worten formte, entstand auch immer schnell ein gezeichnetes.

AUCH DIE FINSTERNIS BIRGT LICHT

Alina Sawallisch

W READERS

WREADERS TASCHENBUCH
Band 137

Dieser Titel ist auch als E-Book erschienen

Vollständige Taschenbuchausgabe
Deutsche Erstausgabe

Copyright © 2021 by Wreaders Verlag, Sassenberg
Verlagsleitung: Lena Weinert
Druck: BoD – Books on Demand, Norderstedt
Umschlaggestaltung: Theresa Wöll
Lektorat: Annika Wenninger, Annina Anderhalden
Satz: Annina Anderhalden

www.wreaders.de

ISBN: 978-3-96733-265-0

WREADERS

PROLOG

Ben

Das Dröhnen in Bens Kopf wurde von Sekunde zu Sekunde lauter. Wie ein Presslufthammer donnerte der allumfassende Kopfschmerz auf seinen Verstand ein. Er konnte keinen klaren Gedanken fassen – nur noch das Rauschen des Schmerzes war in seinen Ohren zu hören.

Ben griff sich an die Schläfen und atmete tief ein. Seine Glieder waren schwer wie Blei, fesselten ihn an Menas Bett. Sein Herz krampfte sich zusammen und aus seinen Augenwinkeln kämpften sich Sternchen in sein Blickfeld.

Er hatte schon das Gefühl, ohnmächtig zu werden, als sich das Rauschen hinter seiner Stirn auf einmal veränderte. Es schien, als würden sich Worte aus dem dumpfen Lärm herausbilden.

Ben blinzelte verwirrt. So wie Ideen sich mental verfestigen, formten sich in seinem Kopf plötzlich ganze Sätze. Immer klarer wurden die Silbenformationen und eine dünne Stimme drängte sich an die Oberfläche seines Verstandes. Es fühlte sich an, als ob sie sich durch jede Windung seines Gehirns fressen würde, bis sie schlussendlich zu ihm sprach:

Ben, hauchte sie wie ein Windzug in seinen Ohren. Irritiert kniff er die Augen zusammen.

Woher kam diese Stimme? War sie in seinem Kopf?

Reg dich nicht auf. Lass es einfach geschehen, flüsterte die Stimme und raste wie elektrische Impulse durch Bens Kopf. *Du kannst sowieso nicht mehr lange gegen mich ankämpfen. Lass los. Dann wird alles einfacher für dich. Das verspreche ich dir.*

Ben keuchte auf.

Reflexartig und ohne darüber nachzudenken, antwortete er: *Was? Wer bist du? Warum bist du in meinem Kopf?*

Schnell griff Ben sich an die Stirn, um sich zu stoppen. Er atmete einmal tief ein und zwang sich zur Ruhe.

Kontrollierter dachte er weiter: *Das passiert nicht wirklich. Du bist übermüdet und hörst deshalb schon Stimmen. Du bist längst im Halbschlaf und träumst. Alles ist gut. Geh nicht darauf ein. Alles ist gut.*

Ein schallendes Lachen ertönte in seinem Inneren und Ben zuckte erschrocken zusammen.

Ja. Alles ist gut. Für dich vielleicht nicht ... aber für mich schon! Und weißt du warum, kleiner Ben? Heute ist der Tag, an dem ich die Überhand gewinnen werde. Die letzten Nächte hast du dich noch gut gegen mich gewehrt, aber du bist nicht mehr stark genug. Und das weißt du selbst. Du merkst seit Tagen, dass du immer schwächer wirst, ist es nicht so? Schon blöd, wenn einem die Energie ausgeht.

Die Stimme war mit jedem Wort lauter geworden und hinterließ einen brennenden Nachhall in Bens Kopf. Wie ein Echo aus Feuer.

Das konnte doch keine Einbildung sein.

Ben wurde panisch. Er versuchte, sich im Bett aufzurichten, doch seine Muskeln gehorchten ihm nicht. Beklemmung machte sich in seiner Brust breit.

In dem Versuch, sich gut zuzureden, atmete er tief durch. *Hör auf! Lass dir nichts anmerken. Je mehr Angst du vor diesem Hirn-*

gespinst hast, desto mehr Macht gibst du ihm. Ignoriere es.

Das Lachen setzte wieder ein. *Du weißt schon, dass ich in deinem Kopf sitze und jeden Gedanken – egal ob du ihn bewusst als Satz formst oder er einfach passiert – hören kann? Ich bin du. Du bist ich. Gewöhn dich einfach daran. Leugnen ist viel zu anstrengend. Ich musste mich schließlich auch damit abfinden, dass ich dieses Oberstübchen vorerst mit dir teilen muss.* Die Stimme wurde zuckersüß. *Aber ich denke, wir werden uns ganz bald über die Machtposition einigen. Ob nun freiwillig oder nicht ... Dein schwacher, menschlicher Geist kann mir bald nichts mehr entgegensetzen. Wer da eins und eins zusammenzählt, weiß, wo wir schon ziemlich bald stehen werden.*

Ein heißeres Lachen ertönte.

Alternativ überlässt du mir einfach freiwillig die Macht über diesen Körper und wir leben glücklich und zufrieden bis an unser dämonisches Ende.

1. Kapitel

Mena

Mena beugte sich aus ihrem weit geöffneten Fenster und versuchte angestrengt, im Dunkeln die Umrisse des schwarzen Fuchses auszumachen, der gerade aus ihrem Fenster geschlüpft war. Da ihr Zimmer im ersten Stock lag, wanderte ihr Blick erst zu dem schmalen Vorsprung der sich unter ihrem Fenster befand. Mit zusammengekniffenen Augen folgte sie dem Sims, bis dieser an das Dach der Garage stieß. Ben musste unglaublich schnell gerannt und gesprungen sein, wenn er in Sekunden von hier über das Dach der Garage nach unten auf den Boden gekommen war. Feuchtkalter Wind schlug ihr ins Gesicht und ließ ihre kurzen Haare in wilden Strähnen vor ihren Augen tanzen. Sie spürte, wie ihr eine einzelne Träne die Nase hinunterrann.

Irgendwie habe ich es geahnt – gewusst –, dass es nicht vorbei sein würde ...

»Ben«, flüsterte sie heiser in die Stille der Nacht. Verzweifelt schlang sie die Arme um ihre nackten Schultern.

In dem Moment, als er sich unter ihren Fingern in einen Schattenfuchs verwandelt hatte, war die gläserne Hoffnung einer normalen

Zukunft mit ihm in tausend Teile zersprungen. Sein Körper hatte ihn gezwungen, das scheußliche Erbe seines Vaters anzutreten.

Mena biss sich auf die Unterlippe. Ihr Herz blutete.

Was kann ich jetzt tun? Ich muss Ben finden und ihm helfen. Bei ihm sein und ihn unterstützen.

Sie schnappte sich einen Oversize-Hoodie aus ihrem Schrank und warf ihn sich über.

Leise – es war schließlich mitten in der Nacht – öffnete sie ihre Zimmertür und schob sich hindurch. Sie wagte nicht, das Licht anzumachen, da ihre Mutter nur einen leichten Schlaf hatte und es für sie ein absoluter Vertrauensbruch war, mitten in der Nacht aus dem Haus zu schleichen. Nur ein einziges Mal war Mena spät abends noch zu Perle gefahren, ohne ihrer Mutter Bescheid zu geben und hatte damit die Büchse der Pandora geöffnet. Ihre Mutter hatte ihr sogar angedroht, sie nachts im Haus einzuschließen, da sie angeblich Todesängste ausgestanden hatte. Als ihr aufgefallen war, dass Mena auch durch die Balkontür verschwinden könnte, war sie von dem Plan wieder abgekommen, hatte aber von Mena ein heiliges Versprechen gefordert, so etwas nie wieder zu tun.

Auf nackten Sohlen hastete Mena die Treppen ihres Hauses hinunter, ihre Finger hinterließen schwitzige Abdrücke auf dem hölzernen Geländer.

Unten angekommen, tastete sie halb blind nach ihren zerschlissenen Chucks. Nur ein dumpfer Schein von der Straßenlaterne vor ihrer Tür zeichnete die Schatten der Schuhe ab. Als Mena sie ergriff, machte sie sich nicht die Mühe, die Turnschuhe zu binden.

Jede Sekunde, die ich hier vertrödle, wird Ben weiter weg sein. Was geht bloß in ihm vor? Was hat ihn nur dazu bewogen, aus dem Fenster zu springen?

Leise öffnete sie die Haustür, atmete noch einmal tief durch, um sich zu beruhigen, und glitt hinaus ins Freie.

Echt super, nun laufe ich im Pyjama durch die dunklen Wohnstraßen der Nachbarschaft und schaue wie eine Verrückte unter Autos, Büschen und Mülleimer.

Nach Ben zu rufen, hatte sie aufgegeben, als schon im zweiten Haus, an dem sie vorbeigelaufen war, das Licht im ersten Stock angegangen war und ein Mann in Unterhemd am Fenster seinen Unmut über die nächtliche Ruhestörung lautstark kundgetan hatte.

Sie war durch jede Querstraße, die von ihrer abging, gelaufen – im Zickzack von einer Straßenseite zur anderen. Es war nicht so einfach, einen schwarzen Fuchs in der Nacht aufzuspüren. Die Straßenlaternen spendeten zwar ein Minimum an gelblichem Licht, aber Mena merkte schnell, dass ihre Augen schmerzten. Mit kalten Fingern rieb sie sich über die Lider. Auch die Erschöpfung kroch mit jeder verstreichenden Minute in ihre Knochen.

»Reiß dich zusammen«, flüsterte sie sich selbst zu und klatschte sich mit den flachen Händen auf die Wangen. »Du hast schon schlimmere Müdigkeit ertragen.«

Bei dem Gedanken fröstelte sie. Die Zeit, in der Vanadis sie im Traum verfolgt und ihr dadurch jegliche Erholung verwehrt hatte, war schlimm gewesen. Kein Concealer der Welt hatte die Augenringe abdecken können, die sie in jenen Tagen zur Schau getragen hat.

Das alles kam ihr ewig lange her vor, obwohl es keine zwei Monate zurücklag.

Mena kniff sich in den Nasenrücken. Sie war sich darüber bewusst, dass sie das Verdrängen perfekt beherrschte. So war es immer schon gewesen. Die schlimmen Dinge, die in ihrem Leben bisher passiert waren, lebten nur als dunkle Schemen in ihrem Kopf, und erst, wenn sie sich anstrengte, öffnete ihr Gehirn diese verschlossenen Tresore und offenbarte die Geister der Vergangenheit.

Eigentlich hatte Mena das immer als recht positiv empfunden. Zum Beispiel, wenn es darum ging, dass ihr Vater sie und ihre Mutter so früh verlassen hatte. Manche Kinder wären bestimmt an jedem Geburtstags- oder Weihnachtsfest todtraurig gewesen, aber Mena umging den Gedanken an ihren Vater ganz einfach. Er war vergraben unter wichtigeren, schöneren Erinnerungen und sie ließ nicht zu, dass er diese überlagerte.

Und so soll es auch mit dieser ganzen Alpdämonensachen sein – weggeschlossen und vergraben in den hintersten Ecken meines Verstandes.

Um wieder einen klaren Kopf zu bekommen und die Müdigkeit abzuschütteln, sprang sie mehrmals auf und ab. Sie musste sich wieder konzentrieren!

Wo kann Ben nur hingelaufen sein? Welche Möglichkeiten hat ein Fuchs in einem Wohngebiet denn überhaupt? Zwar ist er klein, dennoch kann er sich nicht durch jede Lücke quetschen...

Ein flaues Gefühl machte sich in ihrem Magen breit.

Nicht, dass er von einem Auto erwischt wurde!

Plötzlich war Mena wieder hellwach. Angestrengt überlegte sie, ob ihr irgendwo ein fahrendes Auto aufgefallen war. Nachdenklich kaute sie auf ihrer Unterlippe und schüttelte leicht den Kopf. Sie konnte sich nicht erinnern. Aber das Gefühl, dass Ben etwas passiert sein könnte, ließ sie nicht los. Sie betrachtete den Holzzaun eines Gartens, neben dem sie gerade herlief.

Hing er möglicherweise irgendwo in einem Stacheldrahtzaun fest? Vielleicht in dem des stillgelegten Fabrikgebäudes?

So oft habe ich dort schon verendete Hasen und Frettchen hängen sehen. Was für ein schrecklicher Tod es sein muss, sich verzweifelt zu winden und zu strampeln, bis einen die Kraft verlässt.

Mena spürte einen Kloß im Hals und änderte abrupt ihre Laufrichtung – hin zu den hinter wildem Gestrüpp aufragenden Fabrikschornsteinen.

Das weitläufige Gelände der Fabrik trennte die Wohnstraßen vom Stadtkern. Jeden Morgen ärgerte sich Mena, dass sie einen riesigen Bogen mit ihrem Fahrrad darum herumfahren musste, um zur Schule zu kommen. Vor allem weil das Gebiet verwaist war, seitdem Mena denken konnte.

Ihre Mutter hatte ihr einmal erzählt, dass dort früher Industriestoffe hergestellt wurden, bevor der Inhaber Pleite gegangen war und die Fabrik hatte schließen müssen. Mena schüttelte bei dem Gedanken an das Gespräch von damals leicht den Kopf. Sie hatte sich so über ihre Mutter geärgert, weil diese so stolz gewesen war, alles über diese Stadt zu wissen.

Sie ist hier geboren, hier zur Schule gegangen, arbeitet schon immer im gleichen Krimskrams-Laden, hat meinen Vater hier kennengelernt und obwohl er verschwunden ist – ist sie hiergeblieben. Warum bleibt man sein Leben lang in diesem Kaff?

Für Mena war diese Art von Leben vollkommen unvorstellbar. Sie wollte nur weg. Sobald sie mit der Schule fertig war, würde sie ihre Sachen packen und auf Reisen gehen.

Zusammen mit Ben!

Vor ihr ragte der hohe Maschendrahtzaun empor. Unentschlossen schaute Mena ihm in beide Richtungen nach. Leise rief sie wieder Bens Namen, während ihre Augen den ausgefransten Draht entlanghuschten. Die Dunkelheit der Nacht verschluckte fast gänzlich jede Farbe, doch ihr Blick blieb an etwas hängen, was einem Büschel Fell nahekam.

Mit klopfendem Herzen hastete sie zu der Stelle und ging vor dem Zaun auf die Knie. Sie zuckte kurz zusammen, als ihre nackte Haut mit dem kalten Asphalt in Berührung kam. Ihre kurze Schlafanzughose hatte sich durch die viele Bewegung nur weiter nach oben geschoben.

Es war zwar noch Spätsommer, aber die Nächte wurden schon länger und ein eisiger Windhauch jagte Mena eine Gänsehaut über ihren ganzen Körper. Ein schmaler Spalt aus lockeren Maschen war erkennbar – gerade breit genug für einen Fuchs. Mit fliehenden Fingern griff Mena nach den Haaren und hielt sie dicht vor ihr Gesicht.

Sie schimmern bläulich. Die müssen von Bens Schattengestalt sein!

Ohne groß darüber nachzudenken, sprang Mena wieder auf die Füße und krallte ihre Finger in den Zaun. Sofort fing dieser unter ihrem Gewicht an zu schwanken, als sie sich in die Höhe zog.

Ich muss auf die andere Seite, koste es, was es wolle!

Als sie erst ein Bein und dann das zweite über den Scheitelpunkt des Zauns schwang, bohrten sich die spitzen Drahtenden schmerzhaft in ihre freien Oberschenkel.

Mena biss die Zähne aufeinander und sprang mit einem Satz zu Boden.

»Aua!« Mit zusammengekniffenen Lippen rieb sie sich die schmerzenden Stellen.

Als sie Blut an ihren Fingern spürte, verzog sie das Gesicht.

»Na toll, nicht nur blaue Flecke, sondern auch noch rote Kratzer an den Beinen ... Da wird der Minirock wohl erst mal im Schrank bleiben müssen.«

Mena verdrehte kurz die Augen. Das war natürlich komplett ironisch gemeint. Als ob sie so etwas tragen würde.

Sie riss sich zusammen und setzte sich wieder in Bewegung. Aufmerksam nahm sie ihre Umgebung in Augenschein. Bis hin zur äußersten Fabrikmauer erstreckte sich wildes Gestrüpp. Als Mena nach unzähligen Schrammen von Ästen im Gesicht die Fabrik erreichte, fiel ihr sofort ein riesiges Garagentor auf. Ein schmaler Spalt war zwischen Boden und dem untersten Rollsegmenten zu erkennen.

Mena ließ ihren Blick über das Tor wandern. Das Gemäuer bestand aus grobem Beton und hoch über ihrem Kopf waren vereinzelte Fenster zu sehen. An vielen Stellen hatte sich die Natur schon über den Putz hergemacht und ihre Wurzeln hineingeschlagen.

Mena legte ihre Hand auf den rauen Stein. *Verrückt, was so ein bisschen Zeit mit einem Gebäude machen kann. Aber so ist es nun mal – die Pflanzen finden immer wieder einen Weg zurück in diese Welt, egal wie sehr wir ihnen zusetzen.*

Sie bündelte ihre Konzentration wieder und wandte sich dem Tor zu. Prüfend ging sie in die Hocke und lugte durch den Spalt in die

Dunkelheit der Fabrik.

»*Ben!*«, rief sie laut in das leere Gebäude hinein, der Schall schmetterte ihr das Echo in einem mehrstimmigen Kanon wieder zurück. Mena zuckte zusammen und hielt den Atem an, um zu lauschen. Sie hörte etwas scharren und ein dumpfes Stöhnen.

Das muss er sein!

Menas Herz begann zu rasen und sie sprang auf die Füße. Mit aller Kraft griff sie nach der Unterkante des Tors und stemmte es in die Höhe. Ein lautes Quietschen ertönte, als die eingerosteten Scharniere wieder in Betrieb genommen wurden. Als der Spalt breit genug war, schwang sie sich unter dem Tor hindurch.

Finsternis umfing sie wie ein schwarzes Tuch. Sie zwinkerte hastig, um den Lichtpunkt vor ihren Augen zu eliminieren.

Die Luft schien sich seit Jahren nicht bewegt zu haben. Es roch nach Muff, Mena schmeckte den Staub förmlich bei jedem Atemzug auf ihrer Zunge. Sie tastete nach ihrem Handy, das sie sich, Gott sei Dank, bei ihrem übereilten Aufbruch schnell in die Tasche ihres Hoodies gesteckt hatte. Sie schaltete die Taschenlampenfunktion an und der Lichtkegel erhellte den Raum. Sie stand in einer kargen Halle mit gekachelten Wänden und Böden. Soweit das Auge reichte, war nicht mehr zu sehen als kalte, nackte Oberflächen.

Die ehemals weißen Fliesen waren mit Dreck überzogen und überall hingen Spinnenweben voller Staubflocken. Pfotenabdrücke durchbrachen den alten Schmutzfilm. Aufgeregt blickte Mena den Spuren nach.

Der Schattenfuchs…

Nach einigen Metern veränderten sich die Abdrücke jedoch.

Mena rauschte das Blut in den Ohren, als sie losstürzte, um der Spur zu folgen. Sie verließ die Halle durch einen offenen Torbogen hinein in einen langen Flur. Flink huschte ihr Blick nach rechts und links und da lag er – an der Wand zusammengesackt.

2. Kapitel

Ben und der Andere

Bens Bewusstsein hatte sich verabschiedet. Die Stimme in seinem Kopf war immer lauter geworden und sein Verstand war nicht mehr dagegen angekommen.

Glühend heiß hatte er sich in Menas Bett hin und her geworfen, bis ihn seine Kraft verlassen hatte.

Als er wieder zu sich kam und sich der Nebel vor seinen Augen langsam lichtete, sah er Asphalt – eine Straße in der Nacht.

Wo war er?

Erschrocken versuchte er, sich zu bewegen, doch seine Gliedmaßen gehorchten ihm nicht. Panik kroch seine Kehle hinauf.

Hilfe!

War er gelähmt? Er lag doch grade noch in Menas Bett – hatte ihn jemand K.O. geschlagen und auf die Straße geschleift? Wurde er etwa angefahren und konnte sich deshalb nicht bewegen?

Mann, Mann, Mann. Nun reiß dich aber mal zusammen. Ich muss mich konzentrieren und du nervst mich mit deinen kleingeistigen Gedanken!, erfüllten Worte seinen Kopf.

Da war sie wieder. Diese Stimme in Bens Kopf.

Er gab seinen Händen den Befehl, sich die Haare zu raufen, doch wieder geschah nichts.

Merkst du's auch mal? Ich habe gewonnen. Jetzt habe ich die Kontrolle und du kannst nichts dagegen tun. Übrigens finde ich es sehr niedlich, dass du deine Hände benutzen möchtest, obwohl wir gerade gar keine haben.

Die Stimme ging in ein Kichern über und Ben merkte, wie sich sein Blickfeld veränderte. Der Andere drehte den Kopf und sah an sich hinunter.

Ben stockte der Atem, als er dort, wo sein menschlicher Körper hätte sein sollen, schwarz-blau waberndes Fell entdeckte. Der Andere bewegte herausfordernd seine Gliedmaßen und Ben sah Pfoten, die sich in Bewegung setzten.

Das war unmöglich …

Innerlich schrie er auf.

Oh Gott! Nicht so laut! Mir platzt noch das Trommelfell. Wir sollten einen angemesseneren Ton miteinander finden, wenn wir hier schon zu zweit drinstecken, fauchte die Stimme ihn an.

Bens Herz raste. Er wollte, dass es aufhörte – was auch immer hier geschah.

Das Ding sollte aus seinem Kopf verschwinden und zwar sofort!

Also, hör mal! Das Ding, betonte die Stimme extra spöttisch, *ist ja wohl ein wenig übertrieben. Bleiben wir doch einfach bei unseren Namen, lieber Ben.*

Ben meinte, ein Schmunzeln aus dem Ton der Stimme herauszuhören, als sie weitersprach: *Du kannst gerne bei deiner menschlichen, stumpfen Abkürzung bleiben, aber ich – als dein dämonischer Teil – finde den Taufnamen, den dein Vater dir gegeben hat, für mich etwas passender: Benthanir.*

Die Stimme schnalzte mit der Zunge.

Wunderbar! Mit einem Namen fühlt man sich gleich viel lebendiger! Dann können wir jetzt endlich loslegen. Weit ist es eh nicht mehr zu unserem ersten Opfer! Freu dich, kleiner Ben. Bald hat unser Körper wieder Energie!

Sein dämonischer Teil? Ben erstarrte. Und von welchem Opfer war die Rede?

Hilflos sträubte er sich und versuchte, an den Rändern der Straße, auf denen sein neuer Körper stand, einen Anhaltspunkt für seinen Standort zu erkennen.

Vergnügt setzte sich Benthanir – ohne auf Bens Aufbäumen zu achten – in Bewegung und glitt geschmeidig an der Bordsteinkante entlang.

So, wo haben wir es denn?, flüsterte es durch Bens Kopf. Das Tier, in dessen Körper Ben steckte, schien zu wittern. Es reckte den Kopf in die Höhe und hob eine Pfote wie ein schnüffelnder Jagdhund. *Ah! Das wird es sein!*

Sein Blickfeld nahm ein Haus ins Visier. Die Dunkelheit verschluckte den roten Backstein fast gänzlich, aber die weißen Fensterläden strahlten auch in der Nacht wie frisch lackiert.

Ben strauchelte. Er war in seiner Zeit als Mensch nicht weit herumgekommen, aber dieses Haus kannte er. Er war öfter mit Mena hier gewesen. Es war das Haus von Perles Großeltern.

Warum hatte Benthanir sie hierhergebracht? Was hatte das alles mit Perle zu tun?

Das fragst du wirklich?, säuselte die Stimme. *Dir muss doch auch aufgefallen sein, wie kreativ dieses Mädchen denkt. Es war so unglaublich offensichtlich, dass sie einen unerschöpflichen Quell des Phantasmas hat, dass ich einfach nicht widerstehen konnte, sie als unser erstes Opfer auszuwählen. Sie wird uns sehr lange ernähren können. Das wird großartig!*

Ben wurde übel.

Das konnte er auf keinen Fall zulassen.

Ach ja? Und was genau möchtest du dagegen tun?, fragte Benthanir mit einem Grinsen in der Stimme. *Du wirst mir schön dabei zusehen, wie ich dieses Mädchen zur Strecke bringe. Und sobald du ihren Quell des Phantasmas gekostet hast, wirst du dich so oder so mit mir verbünden wollen.*

Der Körper setzte sich wieder in Bewegung und steuerte auf die Hauswand zu. Ben wurde schwarz vor Augen. Unbändige Wut breitete sich in ihm aus. Wut gegen Benthanir und gegen seine eigene Hilflosigkeit. Blut rauschte ihm in den Ohren und eine ungeahnte Kraft übermannt ihn.

»Nein!«, brüllte er laut in die Nacht hinaus.

Erschrocken hielt Benthanir inne: *Was...?*

Ben merkte, wie er wieder Kontrolle über seinen Körper erlangte. Zentimeter für Zentimeter glitt eine feurige Welle durch seine Gliedmaßen, bis sie ihm wieder gehorchten.

Das kann nicht sein!, wütete die Stimme des Anderen in seinem Kopf: *Ich hatte dich so weit! Wie kannst du mich zurückdrängen?*

Doch Ben achtete nicht auf die Flüche seines zweiten Ichs. Er war so erleichtert, dass er den Alp von Perle wegbringen konnte, dass ihm alles andere egal war. Er wandte sich ab, und rannte in tierischer Gestalt und so schnell er konnte fort von Perles Haus.

Als Ben die Fabrik fand und sich endlich sicher vor unerwünschten Blicken fühlte, zwang er seinen Körper, sich zurück zu verwandeln. Schmerzhaft verformten sich Knochen und Fell wandelte sich zu Haut. Die Qualen raubten ihm den Verstand.

Ben wurde schwindelig und er spürte, wie seine Beine unter ihm nachgaben. Dann rollten sich seine Augen nach hinten und er sackte gänzlich zusammen.

3. Kapitel

Der Unterschlupf

»Ben! Oh Gott! Was ist mit dir? Geht es dir gut?«

Mena war neben ihrem Freund auf die Knie gegangen und stütze seinen Kopf. Er war eiskalt und seine Augen flatterten. Ein Stöhnen kämpfte sich seine Kehle hinauf.

Mena schluchzte und schlang ihre Arme um seinen Oberkörper. Sie konnte es nicht ertragen, ihn so zu sehen.

Schweiß bildete sich auf seiner Stirn, als er seinen Kopf drehte, um Mena anzuschauen.

»Mena«, flüsterte er mit dünner Stimme. »Es hat zu viel Macht über mich ...«

Seine Stimme brach und er schlug angestrengt die Augen nieder.

Mena wurde heiß. »Was hat Macht über dich?«

Sie strich ihm beruhigend über die Schläfe. Natürlich hatte sie eine Ahnung, was Ben meinen könnte, aber sie wollte es nicht wahrhaben.

Bens Brauen zogen sich zusammen, als sein Blick wieder ihre Augen suchte: »Das Dämonische in mir.«

Menas Gesichtszüge entgleisten. Ihre Gedanken gingen zu dem Moment, in dem die beiden Bens Vater, den Alpdämon Vanadis, gebannt hatten, und dessen dämonischer Schatten auf Ben übergegangen war. In Menas Kopf hatte es seit diesem Zwischenfall gerattert, was das für Ben zu bedeuten haben würde.

»Mena.« Ben hatte wohl ihre Gedanken erraten und hob langsam seine Hand, um mit seinem Daumen über ihre Wange zu streichen. »Ich spüre es schon seit ein paar Nächten. Zuerst war es nur eine innere Unruhe. Ich habe mich hin- und hergeworfen und hatte das Gefühl, irgendwas erledigen zu müssen. Aber dann wurde es schlimmer. Tagsüber habe ich gemerkt, dass ich immer schwächer auf den Beinen war, und nachts wurde ich regelrecht von dem Drang übermannt, einer bestimmten Tätigkeit ... nachzugehen.«

Er sah ihr traurig in die Augen.

Mena schauderte und biss sich auf die Lippe.

Denk gar nicht erst daran. Es ist immer noch Ben! Ich darf ihn nicht als seelenraubenden Dämon betrachten. Er ist mein Freund und könnte so etwas gar nicht über sich bringen ... Nicht wahr?

»Hast du dich heute zum ersten Mal in deine Schattenform verwandelt?«, fragte sie vorsichtig und hatte Angst vor der Antwort.

Ben nickte: »Ja. Heute war ich zu schwach. Ich habe gemerkt, dass mein Körper nicht mehr gegen den Drang ankommt, sich zu verwandeln, und als ich nachgab und aufhörte, dagegen anzukämpfen, wurde ich zu dem Fuchs ...«

Er richtete sich mühsam auf und lehnte sich schwer an die Wand.

»Ich weiß nicht, wie es weitergehen soll ...« Er senkte den Blick. »Ich werde keinem Menschen seinen Quell des Phantasmas stehlen, nur damit es mir besser geht!«

Mena legte ihm liebevoll die Hand aufs Bein: »Nein, das würdest du nicht tun und dafür liebe ich dich umso mehr. Wir werden einen Weg finden, dir deine Energie anderweitig zu besorgen. Das verspreche ich dir!« Sie nahm sein Gesicht zwischen ihre Hände und zwang ihn so, ihr in die Augen zu sehen.

»Okay?«, fragte sie.

Etwas, was Mena nicht deuten konnte, flackerte in Bens Blick auf. Er nickte langsam, als würde es ihm viel Mühe bereiten: »Okay.«

───── 🦊 ─────

Mena hatte Ben nach Hause bringen wollen, doch er war zu schwach, um zu laufen. Die beiden schafften kaum ein paar Meter, bis seine Beine unter ihm nachgaben. Also hatte Mena sich in der verlassenen Fabrik etwas genauer umgesehen, um einen geschützteren Platz für Ben zu finden.

Draußen brach langsam der Tag an und dünne Lichtstrahlen kämpften sich durch die verschmierten Fenster des alten Gebäudes. Viele der Räume, die von dem langen Flur abgingen, in dem sie Ben gefunden hatte, ähnelten dem Laderaum. Weißgekachelte unbehagliche Hallen. Mena fröstelte.

Wie schrecklich! In so einen Raum kann Ben nicht bleiben. Da fühle ich mich, als ob ich ihn in einem Schlachthaus zurücklasse.

An einer der letzten Türen am Ende des Flurs prangte ein Metallschild mit eingravierten Lettern. Mena fuhr flüchtig mit der Hand über das Schild, um den Staub zu entfernen. *Lager* kam in großen Buchstaben zum Vorschein. Ein Funken Hoffnung erhellte Menas Gesicht.

Oh! Das könnte doch was sein. Wenn wir Glück haben …

Sie drückte die Türklinke hinunter und blinzelte. Ein freudiger Laut entwich ihr. Tatsächlich war der Raum voller Rollen und Stapel von Stoffbahnen, welche hier früher hergestellt worden waren. Wahrscheinlich war die Produktion so kurzfristig eingestellt worden, dass man die Reste vergessen hatte oder nicht hatte entsorgen wollen.

»Ben«, rief sie über ihre Schulter. »Ich habe hier einen Unterschlupf für dich gefunden.« Sie trat weiter in den Raum hinein und inspizierte die verschiedenen Materialien. Als sie auf einen Stapel dicken Fleece-Stoffs traf, wusste sie, was sie zu tun hatte.

Mit einigen geschickten Handgriffen hatte Mena in kurzer Zeit ein Lager für Ben hergerichtet. Kuschelige Stoffe formten eine Art Nest, in das sich Ben dankbar fallen ließ, nachdem sie ihn geholfen hatte, es zu erreichen. Er seufzte erleichtert, als sein Körper auf den weichen Materialien zum Liegen kam und er die Augen schließen konnte.

»Kommst du zu mir?«, flüsterte er leise.

Menas Bauch zog sich zusammen. Immer noch tanzten die Schmetterlinge in ihrer Magengegend wie am ersten Tag ihrer Begegnung. Vorsichtig kroch sie auf allen vieren über das Lager zu Ben hinüber.

Sie schmiegte sich an seine Seite und legte ihren Kopf auf seiner Brust ab. Unter seinem T-Shirt konnte sie seine Rippen spüren. Er hatte rapide abgenommen. Traurig kniff sie die Augen zusammen und flüsterte: »Ich besorge dir gleich was zu essen und danach werden wir herausfinden, wie wir dich ohne den blöden, gestohlenen Quell des Phantasmas ernähren können!«

Dankbar strich Ben mit seinen Fingern durch Menas Haare und gab ihr einen leichten Kuss auf die Stirn, während er langsam nickte.

Der Tag hatte sich schon seinen Weg in die Welt erkämpft, als Mena durch die hintere Terrassentür in die kleine Küche ihres Elternhauses trat.

Irritiert blickte ihre Mutter von ihrem morgendlichen Kaffee auf: »Wo kommst du denn her? Ich dachte, du schläfst noch? Hat Ben nicht bei dir übernachtet?«

Mena biss sich auf die Lippe.

Es ratterte in ihrem Kopf, als sie nach einer sinnvollen Ausrede suchte. »Ähm ... Ben hatte einen frühen Termin in der Schule und ich bin mit ihm aufgestanden, um ihn hinzubringen.«

Ihre Mutter legte den Kopf leicht schief: »Einen Termin in der Schule? An einem Sonntagmorgen? Hat er etwa Probleme? Die

Schule sollte seine Eltern informieren. Apropos, seine Eltern. Sollte ich die nicht mal langsam kennenlernen? So oft wie der Junge hier schläft, fragen die sich bestimmt auch, bei was für Leuten er seine Zeit verbringt.«

Verdammt!

Menas Lüge war genau in die falsche Richtung gelaufen und hatte ein viel schwierigeres Thema zu Tage gefördert. Da Bens Vater für immer in einem winzigen Edelstein hauste, war die Chance, Menas Mutter ein normales Familienverhältnis vorzugaukeln, doch recht gering. Außerdem hatte ihre Mutter Vance als ihren alleinstehenden Nachbarn kennengelernt, weil Ben zu der Zeit unsichtbar für sie gewesen war.

Mena schluckte schwer. »Ne, Ben hat keine Probleme in der Schule. Es geht nur um eine Arbeit, die er noch nachschreiben muss, und der Lehrer hatte keinen anderen Termin als am Wochenende frei«, umging sie die Frage nach Bens Eltern und setzte sich schnell wieder in Bewegung, um aus der Schusslinie zu kommen.

Ihre Mutter bedachte sie mit einem kritischen Blick, als sich Mena an ihr vorbeidrückte und im Flur verschwand.

Puh, zu dem Elternthema muss ich mir zeitnah etwas Gutes überlegen. Mama wird da hinterher sein wie ein Schießhund, wenn ich ihr keine Infos liefere. Aber erst mal haben Ben und ich ein anderes Problem – und ein dringenderes!

Mena hatte für Ben Klamotten, ihren iPod, ein Buch und etwas zu essen zusammengeklaubt und in ihrem Rucksack verstaut. Als ihre Mutter unter der Dusche stand, sah Mena ihre Chance, mit Sack und Pack unauffällig das Haus zu verlassen.

»Mama, ich geh zu Perle. Bis heute Abend!«, rief sie laut gegen das Wasserrauschen an.

Falls ihre Mutter etwas zu erwidern hatte, konnte Mena es nicht hören. Schnell flitzte sie die Treppe hinunter und zog zufrieden die Haustür hinter sich zu.

Auf dem Weg zurück zur Fabrik schwirrten tausende von Fragen in ihrem Kopf.

Was wird jetzt passieren? Wird Ben jede Nacht zum Schattenfuchs werden? Wird er ohne die gestohlene Energie einer Person, immer schwächer werden und irgendwann daran sterben? Wird er irgendwann dem Drang nachgeben, den ihm sein dämonischer Teil vorgibt und doch auf die Jagd gehen?

Mena erschauderte.

Menschen, denen ein Alp den Quell des Phantasmas stahl, blieben als leere Hülle zurück – als seelenlose Wesen, die gezwungen waren, weiter zu existieren, ohne etwas zu fühlen.

Mena überlegte. Sie musste Perle anrufen. Ihre beste Freundin hatte immer irgendeine irrwitzige Idee, die sie meistens weiterbrachte.

Mena kramte ihr Handy aus ihrer weiten Hosentasche – sie hatte sich Zuhause dann doch eine anständige Jeans angezogen – und drückte die Kurzwahltaste.

Nach kurzen Tuten ertönte Perles glockenhelle Stimme: »Mena. Wie komm ich denn zu dieser Ehre am frühen Morgen? Solltest du dich nicht eklig-verliebt an deinen Liebsten schmiegen oder was Pärchen sonst so machen?«

Das Neckische in Perles Stimme zauberte Mena sofort ein Lächeln auf die Lippen. Wie ein kleiner Sonnenschein erhellte Perle einfach jede Situation.

Trotzdem blieb Menas Antwort verhalten. »Perle, ich brauch deine Hilfe. Es geht um Ben … ihm geht es nicht gut …« Sie atmete einmal durch.

Echt schräg, obwohl ich mit einem zusammen bin, kommt es mir immer noch komisch vor, von Dämonen und Schattenwesen zu reden.

»Er hat sich heute Nacht das erste Mal verwandelt und ist verschwunden. Nun liegt er völlig entkräftet in der alten Fabrik bei mir um die Ecke. Ich weiß echt nicht, was ich tun soll ...« Ihre Stimme brach.

Am anderen Ende der Leitung wurde scharf die Luft eingesogen. »Ich mach mich sofort auf den Weg! Keine Panik, Notfallkommando Perle ist auf dem Vormarsch!«

Ben lag unverändert da, als Mena zurück in das muffige Lager trat.

Die aufgewirbelten Staubwölkchen in der Luft tanzten durch das dumpfe Licht wie Aschepartikel über einem erloschenen Feuer. Es sah aus, als ob Ben sich keinen Millimeter bewegt hatte, und trotzdem atmete er so schwer wie nach einem Dauerlauf.

»Hey«, sagte sie leise und ließ sich an seiner Seite nieder. »Ich habe dir was zu essen mitgebracht. Vielleicht hilft das.« Sie strich ihm über den Unterarm.

Bens Augen öffneten sich und suchten ihre. Das strahlende Grün, das sich seit ihrer ersten Begegnung in ihr Gedächtnis gebrannt hatte, war stumpf und undurchdringlich. Schwach nickte er und stützte sich auf seine Ellenbogen, um sich aufzusetzen.

Mena kramte in ihrem Rucksack und reichte ihm ein Schokobrötchen, das vom gestrigen Abendessen übergeblieben war. »Es ist zwar nicht mehr das frischste, aber Hauptsache mit Schokolade«, versuchte sie einen lahmen Scherz.

Ein müdes Lächeln stahl sich in Bens Mundwinkel und er griff danach.

Mena beobachtete, wie er im Schneckentempo immer wieder von dem süßen Gebäck abbiss.

Erwartungsvoll wartete sie auf eine rapide Besserung seines Zustandes, als er auf einmal matt lachte. »Mena, wenn du mir so auf den Mund starrst, dann kann ich mich nicht aufs Kauen konzentrieren.

Wenn ich gleich an einem großen Stück Schokobrötchen ersticke, bist du schuld!«

Oh Gott, ist es schön, sein Lachen zu hören.

Mena grinste und lenkte ihren Blick zu seinen Augen. »Na gut, aber nur weil Perle gleich kommt und ich nicht als die verrückte Schokobrötchenmörderin in die Geschichte eingehen möchte, wenn sie mich über deiner Leiche stehen sieht.«

Ben lächelte immer noch, aber sein Blick war abwesend geworden. Dann räusperte er sich und wurde wieder ernst. »Was will Perle denn hier?«

Zweifel schwangen in seiner Stimme mit und ein merkwürdiger Ausdruck legte sich auf seine Züge, den Mena nicht zu deuten vermochte. Also zuckte sie mit den Schultern und sagte verunsichert: »Möchtest du nicht, dass sie kommt? Ich dachte, du magst Perle, und ich könnte mir vorstellen, dass sie bestimmt einen verrückten Einfall hat, um dir zu helfen.«

Ben seufzte leicht und schlug die Augen nieder. »Ich mag Perla ja auch, aber ...«, er brach ab und kaute auf seiner Unterlippe. »Ach, egal. Es ist bestimmt gut, wenn sie kommt und mitdenkt.«

Durch ein lautes Scheppern kündigte Perle sich schon von Weitem an. Ein lauter Fluch folgte und Mena musste kichern. Ihre Freundin hatte sich bestimmt an dem halboffenen Garagentor den Kopf gestoßen.

»Wir sind hier hinten!«, rief sie ihr zu.

Als Antwort ertönte nur ein langgezogenes »Aua!« und als Perle nach einigen Sekunden in der Tür zum Lager erschien, konnte Mena ihren Schmerz gut nachfühlen – unter ihrem pinkfarbenen Pony wuchs schon ein kleines Horn und bildete einen herrlichen, roten Kontrast zu ihrer hellen Haut.

Schmollend blickte Perle ihren Freunden entgegen: »Was ist denn das für eine blöde Idee, Ben? Kannst du nicht an einem schöneren Ort zusammenklappen? Hier wird man direkt von rostigen Toren angegriffen und bestimmt sterben wir bald alle an Vergiftung, weil wir durch den ganzen Staub alte Chemikalien einatmen!«

Ben lächelte schwach: »Sorry, Perle ... Das nächste Mal, wenn ich den Kampf gegen mein dämonisches Ich nicht gewinnen kann, achte ich darauf, dass ich in einem Wellness-Tempel ohnmächtig werde.«

Ein Schmunzeln huschte über Perles Gesicht.

»Na, siehst du, Mena«, Perle zwinkerte ihr zu, »der simuliert nur. Wer solche schlechten Scherze macht, dem kann es gar nicht so schlecht gehen.« Sie ging auf Bens Lager zu und knuffte ihm liebevoll in die Seite.

Mena fand es unglaublich faszinierend, wie schnell die beiden Freunde geworden waren. Trotz des Umstandes, dass Perle Ben über die Hälfte ihrer Bekanntschaft nicht hatte sehen oder hören können, waren die beiden auf einer Wellenlänge. Sie waren ein wenig wie Bruder und Schwester und neckten sich häufig.

»Komm schon, du Trauerkloß. Nun nicht wieder depri werden«, sagte Perle heiter, als Bens Lächeln verschwand. »Team Mena-Retter wird jetzt zu Team Ben-Retter und wird dich schnell aus dieser verzwickten Lage befreien!«

Mena lachte und griff Perles Aufmunterungsversuch auf: »Stimmt. Das wäre doch lachhaft, wenn wir es schaffen, einen mächtigen Alpdämon zu bannen, aber nicht meinem Freund mit Energie zu versorgen.«

4. Kapitel

Innerer Kampf

Ben vernahm zwar das aufgeregte Reden der beiden Mädchen, konnte dem Inhalt ihres Gespräches aber nicht folgen. Immer wieder wurde er von der wütenden Stimme in seinem Kopf abgelenkt.

Benthanir wandte und sträubte sich in seinem Inneren, um wieder die Kontrolle zu erlangen. Es fühlte sich an, als wäre Bens Verstand ein Ei mit gesprungener Schale, aus dem langsam das Innere sickerte, an dem sich Benthanir labte. Es durchlief Ben jedes Mal heiß, wenn es dem Anderen fast gelang, ihn zurückzudrängen.

In meiner jetzigen Verfassung kann ich nicht lange gegen ihn standhalten. Es ist zu anstrengend!

Glasig huschte sein Blick zu Mena und Perle. Er beobachtete Menas Lippenbewegungen und ihre energischen Gesten. Immer wieder warf sie besorgte Blicke zu ihm hinüber und lächelte ihm aufmunternd zu. Die Traurigkeit in ihren Augen ließ ihn schaudern.

Selbst wenn sie traurig ist, ist sie wunderschön.

Erneut an diesem Tag überlegte er, warum er ihr nicht einfach sagte, was sich wirklich in ihm abspielte. Vielleicht weil er immer noch hoffte, dass die Stimme Einbildung sei und dass diese ganze verstörende Nacht nur ein schlimmer Traum gewesen war. Vielleicht auch weil er Angst davor hatte, dass Mena sich von ihm abwenden könnte, wenn sie wüsste, dass er mehr und mehr zum Alp mutierte. Allein würde er an der Situation zerbrechen.

Wieder erklang das leise Lachen von Benthanir hinter Bens Stirn: *Mein Lieber, vorm Alleinsein musst du nun wirklich keine Bange haben. Du wirst ab jetzt nie wieder allein sein. Ich werde immer da sein!*

Ben wurde übel. Er brauchte dringend frische Luft. Er sprang auf und stürzte an den erschrockenen Mädchen vorbei, zu einem der verklebten Fenster und rüttelte verzweifelt am Griff. Es ging nicht auf.

Panisch japste er nach Luft wie ein Fisch auf dem Trockenen.

»Ben!« Wie aus weiter Ferne kämpfte sich Menas Stimme zu seinem Verstand durch. »Alles ist gut«.

Sie hatte sich in Bewegung gesetzt und sich hinter ihn gestellt. Beruhigend legte sie ihre Hand auf seine Schulter und drückte ihn sanft zu Seite. Mit ein wenig gezielter Gewalt öffnete sie für ihn das Fenster. »So ... Ist es nun besser?«

Ben lehnte sich nach draußen und sog die leichte Brise ein. Sein Herzschlag beruhigte sich etwas.

»Ja, danke«, murmelte er und schloss die Augen.

»Ach, komm!«, ertönte es laut von hinten. Perle stand mit verschränkten Armen im Raum und betrachtete Ben mit hochgezogenen Augenbrauen. »Gar nichts ist besser. Ben, mit dir ist doch irgendwas und du sagst es uns nicht! Wir wollen dir helfen – und dafür müssen wir alle Infos haben, die du uns geben kannst.«

Traurig betrachtete Ben Perle. Sie hatte ja recht ...

Ja, hat sie, säuselte es wieder in seinem Kopf. *Na los, sag ihr, dass dein böses Ich sie als sein erstes Opfer ausgesucht hat und sich schon sehr auf ihren nahrhaften Quell des Phantasmas freut!*

Ben schüttelte energisch den Kopf. Die Stimme machte ihn wahnsinnig! Seine Nerven machten nicht mehr mit und er wurde dünnhäutig.

»Ich will einfach nur meine Ruhe haben«, zischte er Perle entgegen und schämte sich im gleichen Moment, als die scharfe Bemerkung seine Lippen verließ.

Mena schien die Veränderung in seinem Blick zu bemerken und runzelte ihre Stirn. Sie löste sich von ihm und ging zu Perle zurück.

»Ich glaube, Ben muss sich mal ein paar Stündchen ausruhen«, sagte sie zu ihrer Freundin, die Ben empört anstarrte.

»Pff ... okay, wenn er lieber allein vor sich hin jammern will. Soll mir recht sein! Mena, ich habe Hunger. Fahren wir zu dir und essen was? Mit vollem Magen lässt es sich auch besser Pläne schmieden.« Sie drehte sich auf dem Absatz um und rauschte aus dem Lagerraum.

Mena kniff die Lippen aufeinander und betrachtete Ben: »Willst du wirklich allein sein? Ich kann hierbleiben ...«

Er zögerte, schüttelte dann aber erschöpft den Kopf. »Nein, ich glaube, du hast recht. Ich brauche einfach ein paar Stunden Schlaf. Meine Nerven sind zum Zerreißen gespannt und ich würde euch nur die ganze Zeit anpflaumen. Geht was essen und ich haue mich hier aufs Ohr.« Er deutete mit einer vagen Handbewegung auf das provisorische Lager.

Mena schob leicht die Unterlippe vor und trat auf ihn zu, um ihn in den Arm zu nehmen. Ben schloss die Augen, genoss ihre Nähe.

Leise murmelte sie: »Okay, dann ruh dich aus, und in der Zwischenzeit finden Perle und ich eine Lösung. Ich komme heute Nachmittag wieder und bringe dir was von dem Essen.«

Ben blickte Mena abwesend nach, als sie sich zum Gehen wandte und in den Flur hinaustrat. Leise fiel die Tür hinter ihr ins Schloss.

Schade ... nun sind sie alle weg, säuselte die Stimme in seinem Kopf sofort wieder. *Jetzt bist du wieder einsam. Wie herrlich! Wir beide: Gemeinsam einsam!*

Ben kniff die Augen zusammen und schlug sich gegen die Stirn.

»Hör auf, mit mir zu reden!«, rief er wütend. Er konnte seine Gedanken nicht mehr klar ordnen. Die Sätze laut zu formulieren, gelang ihm besser.

Oh, nun werden wir ein bisschen rebellisch, was? Benthanir kicherte in den Windungen von Bens Gehirn. Tob dich ruhig ein bisschen aus. *Verbrauche deine Energie noch mehr, dann wird es für mich ein Kinderspiel, dir die Führung wieder zu entreißen!*

Bens Blut begann zu kochen, er raufte sich die Haare. Am liebsten hätte er sich diesen Parasiten aus dem Kopf geschnitten. Er wollte, dass es aufhörte. Laut schrie er auf und ließ seiner Wut freien Lauf.

5. Kapitel

Mind-Mapping

Die beiden Mädchen waren schweigend nebeneinander hergelaufen. Mena konnte schon verstehen, dass ihre Freundin beleidigt von Bens Ton war, aber was sollte sie dazu sagen? Dass er es nicht so gemeint hat?

Nachdenklich runzelte sie die Stirn. Sie hatte ihn beobachtet und er hatte es offensichtlich genau so gemeint. Seine Haltung war ablehnend geworden und Mena hatte gemerkt, wie sich sein Gesicht verändert hatte. Sie schauderte und beschloss, das Thema vorsichtig zu umschiffen, bis sie sich sicherer war, in welchen Gewässern sie sich befand.

Ihr Magen knurrte und sofort war sie dankbar für diesen Anstoß zu einem Gespräch. Mit ausladender Geste rieb Mena sich den Bauch und jammerte: »Jetzt habe ich auch Hunger!« Es war nicht mehr weit zu ihrem Haus und sie hatten keinen Supermarkt oder Ähnliches auf dem Weg. Sie überlegte und ging im Kopf die Vorräte in ihrer Küche durch.

Perle zuckte, immer noch beleidigt, die Schulter: »Weiß nicht … Irgendetwas, was schnell geht.«

»Pff …« Mena kicherte. »Als ob wir jemals etwas Aufwändiges gekocht hätten! Du bist so gierig, dass alle Zutaten schon vor dem Kochen weggegessen sind.«

Perle kniff die Augen zusammen, aber ein kleines Lächeln zeigte sich in ihren Mundwinkeln. »Naja, wenn man die Zutaten auch so essen kann, warum dann Zeit mit kochen verschwenden?«

Angestachelt von der winzigen Verbesserung von Perles Laune, überlegte Mena laut weiter. »Mhm … also brauchen wir Zutaten, die im rohen Zustand ungenießbar sind. Zum Beispiel Eier! Vielleicht Rührei? Obwohl, davon wird man nicht so richtig satt. Aber mit Eiern kann man ja noch andere Dinge herstellen. Wie zum Beispiel … Oh, ich hab's!« Sie pikste Perle in den Bauch.

»Du wirst mich lieben!«, flötete sie.

Als sie die Küche betraten, bedeutete sie Perle, sich an den Küchentisch zu setzen und abzuwarten. Mit dem Rücken zu ihrer Freundin begann Mena, in den Schubladen und im Kühlschrank zu wühlen, bis sie alles beisammenhatte, was sie brauchte. Darauf bedacht, dass Perle nichts sah, begann sie ihr Überraschungsgericht zuzubereiten.

Mit einem Schmunzeln auf den Lippen schlug Mena erst die Eier am Rand eines Messbechers auf, gab dann Milch dazu und rührte mit Bedacht Mehl ein, bis eine geschmeidige Masse entstand. Mena wusste, dass ihre Freundin Pancakes liebte. Und zwar nicht nur zum Frühstück. Sie entschied sich trotzdem für die süße Variante und fügte dem Teig noch Zucker und Kakaopulver hinzu.

Als Mena schwungvoll den Teig in die vorgeheizte Pfanne kippte, schnupperte Perle schon. Es dauerte keine fünf Sekunden, da hatte sie den Geruch identifiziert und jauchzte auf: »Oh, Pancakes! Die vertreiben nun wirklich jeden Ärger!«

Sie sprang vom Stuhl auf und lugte Mena über die Schulter. »Sogar mit Kakao! Na gut, du hast mich am Haken. Ich tue alles, was du möchtest.«

Mena kicherte und stupste ihr mit dem teigigen Kochlöffel auf die

Nase, sodass ein Klecks daran zurückblieb. »Warte erstmal ab, was ich obendrauf tun werde, dann küsst du mir die Füße!«

Zappelig setzte sich Perle wieder an den Tisch und starrte gespannt auf die Teller, die Mena vorbereitete. Nach einigen geschickten Handgriffen drapierte Mena das Gericht vor der Nase ihrer Freundin und leckte sich selbst über die Lippen. Kakao-Pancakes mit Nutella und Bananenscheiben.

»Herrlich«, seufzte Perle und griff sofort nach ihrem Besteck, um sich über das Festmahl herzumachen. Auch Mena langte ordentlich zu. Das ganze Sorgenmachen machte definitiv hungrig. Zufrieden stellte sie fest, dass ihr die Pancakes gut gelungen waren.

In den letzten Jahren hatte sie ein Faible fürs Kochen entwickelt. Schließlich konnte man sich auch beim Brutzeln und Verrühren kreativ ausleben. Wie bei einem Lied die einzelnen Noten fügten sich auch hier die Komponenten und Gewürze in einer geschickten Hand zu einem harmonischen Ganzen zusammen. Und wenn es dann noch einem Gast schmeckte, war es, wie ein Konzert zu geben und den Applaus zu genießen.

Fröhlich schmatzend sah Perle von ihrem Teller auf: »So, ich bin wieder besänftigt. Also, lass uns überlegen, wie wir deinen grantigen Freund vor sich selbst retten.«

Mena nickte nachdenklich. »Mhm ... okay. Fakt ist, dass wir eine Möglichkeit finden müssen, Ben mit einer Ersatzenergie zu versorgen, weil er sonst entweder stirbt oder vor Erschöpfung nicht mehr er selbst ist und sich doch als Alp auf die Jagd begibt. Die erste Frage ist aber: Was könnte so eine Ersatzenergie überhaupt sein?«

Mena tippte sich an die Nase. »Der Quell des Phantasmas eines Menschen entspricht quasi seiner Seele. Seiner Kreativität. Seiner Vorstellungskraft. Sein Selbst ... Haben Tiere so etwas auch?«

Perle war Menas Gedankengang aufmerksam gefolgt und zog nun die Augenbrauen zweifelnd zusammen. »Ähm ... naja, hast du schon mal einen Hund gesehen, der ein Bild malt?«

Mena verdrehte die Augen: »Nein, so natürlich nicht, aber auch ein Hund hat eine Art Persönlichkeit, oder etwa nicht? Der Hund unseres Schulhausmeisters, zum Beispiel, ist auf jeden Fall ein Mistkerl.«

Bei dem Gedanken an dieses Tier knirschte Mena mit den Zähnen. Eigentlich mochte sie Hunde, aber dieser war wirklich hinterhältig. Er mochte keine Kinder und knurrte alle menschlichen Personen unter zwanzig Jahren an. Er zwickte auch liebend gern jeden, der zu nah an ihm vorüberlief, in die Hacken. Mena hatte er schon einmal so fies erwischt, dass sie tagelang am Humpeln gewesen war, weil ihr Schuh genau auf die verletzte Stelle gedrückt hatte.

Perle nickte. »Gut, da hast du recht. Okay, mal angenommen, Tiere haben eine Art Quell des Phantasmas, dann ja wahrscheinlich nur mit geringer Menge an Energie. Sprich: Ben müsste sehr viele Tiere aussaugen …«

Sie schaute Mena bei dem Wort fragend an. Die zuckte aber nur mit den Schultern und bedeutete Perle, weiter zu reden. »… um normal leben zu können, oder?«

»Ja, das glaube ich auch. Vanadis hat damals davon gesprochen, dass er sich und seine Welt durch einen ausgeprägten Quell des Phantasmas länger speisen kann und sich deshalb sehr kreative Menschen als Opfer aussucht«, überlegte Mena laut. »Aber mal davon abgesehen, dass ich die Vorstellung schrecklich finde, dass Ben jeden Tag ein Tier aussaugt, ist das vielleicht ein guter Ansatz.«

Perle war aufgestanden und zu einem der Küchenschränke getreten. Sie öffnete die oberste Schublade, in der Menas Mutter Zettel und Stifte zum Schreiben von Einkaufslisten aufbewahrte und schnappte sich ein Stück Papier. Sie wedelte damit in Menas Richtung und sagte: »Wenn wir eins in der Schule gelernt haben, dann, dass man am besten mit Hilfe einer Mindmap zum Ziel kommt!«

Mena lachte laut auf. Wirklich jeder ihrer Lehrer war besessen von diesen wirren Ideenskizzen. Sie streckte die Hand nach dem Zettel aus und legte es mittig auf den Tisch. Perle reichte ihr einen grünen Stift und nahm sich selbst einen roten.

Mit großen Buchstaben schrieb Mena in die Mitte des Papiers ›Ben‹ und machte einen Kringel um den Namen herum. Mit einem geschwungenen Pfeil führte sie weiter zu dem Stichwort ›Energie aus Tieren saugen?‹.

Perle kicherte, unterstrich das Wort ›saugen‹ mit ihrem roten Stift und malte ein Paar spitze Zähne, von denen Blut tropfte, daneben. »Sorry, aber die Vorlage war einfach zu gut. Meinst du, Vampire gibt es auch? Das wäre schön. Dann angle ich mir so einen blassen, schönen Blutsauger und spiele mit ihm einen romantischen Vampirroman nach.«

Mena grunzte missbilligend. »Pass bloß auf, was du dir wünschst! Jetzt, wo wir wissen, dass es zumindest schon Dämonen und Hexen wie Frau Behring gibt, würde ich nicht ausschließen, dass nicht auch andere übernatürliche Wesen real sind …«

Sie beobachtete, wie Perle bei ihrem letzten Satz den Mund aufgeklappt hatte und aufgeregt eine Idee auf die Mindmap krakelte. Als sie fertig war, hob sie ihre Hand. Mena erkannte den geschriebenen Namen und schüttelte sofort den Kopf. »Nein, Perle! Auf keinen Fall! Bist du irre? Die wird uns umbringen, wenn wir da nochmal hingehen!«

Perle hatte den Namen der alten Frau – oder besser der alten Hexe – aufgeschrieben, der sie zusammen mit Ben eine Seite aus einem Bannbuch und einen Edelstein gestohlen hatten: Frau Behring.

»Das weißt du nicht«, warf Perle gleich ein. »Sie hat uns nicht gesehen. Vielleicht ist sie gar nicht auf den Gedanken gekommen, dass wir es waren, die bei ihr eingebrochen sind.«

Mena warf Perle einen skeptischen Blick zu und schürzte die Lippen. »Also, wenn die Dame nicht äußerst senil ist, dann kann sie sich wohl denken, dass die Mädchen, die nach dem Alpdämon gefragt haben, auch die fehlende Seite ›Wie man einen Alp bannt‹ aus dem

Bannbuch herausgerissen haben, oder?«

Perle kicherte: »Ja, na gut, wenn du's so zusammenfasst. Aber sie wäre eine Chance. Und darum steht sie jetzt auch auf unserer schlauen Mindmap!«

Mena hob ihren Stift und setzte um Frau Behrings Namen eckige Klammern. »Hoffen wir mal, dass wir einen anderen Weg finden, als sie zu fragen ... Ich habe das unbestimmte Gefühl, dass sie uns liebend gerne Eselsohren oder so etwas zaubern würde.« Mit einem kleinen Zwinkern lenkte Mena Perles Blick wieder auf das zweite Stichwort mit den Tieren zurück. »Zurück zu Ben! Die Frage ist, wie holt er sich denn die Energie von Tieren? Muss er sie dann auch träumen lassen? Träumen Tiere überhaupt?«

Mena malte eine gestrichelte Linie und setzte an ihr Ende eine Blase mit dem Wort ›Träume?‹.

Aber Perle nickte schon eifrig. »Doch ich weiß, dass Tiere träumen. Kennst du nicht das Internetvideo mit dem Hund, der im Schlaf träumt, dass er etwas jagt, und im Liegen losrennt und dann verwirrt gegen die Wand läuft, weil er noch nicht ganz wach ist?«

Sie musste prusten. »Das muss ich mal wieder schauen. Einfach zu gut.« Auch Mena musste kichern, als ihr der Golden Retriever aus dem Clip einfiel.

Kurzerhand malte sie also aus dem ›?‹ ein dickes ›!‹ und fügte eine kleine Zeichnung eines rennenden Hundes hinzu.

»Aber wie muss ich mir das dann vorstellen?«, hakte Perle, als sie sich wieder beruhigt hatte, nach. »Legt sich Ben dann in Form eines Schattenfuchses auf einen Hund drauf?«

Sie legte dabei den Kopf schief und starrte an die Decke, als würden sich ihre Beschreibungen dort verfestigen.

Mena seufzte und zog eine erneute Linie mit einem ›?‹ am Ende und daneben einem großes ›Wie‹.

»Tja, ich glaube, ehrlich gesagt, Ben weiß selbst nicht genau, wie er sich mit Energie versorgen soll. Ich glaube, die einzige Möglichkeit, es rauszufinden, ist es auszuprobieren. *Learning by doing*. Auch wenn ihm das nicht gefallen wird ...«

Die beiden saßen noch eine weitere Stunde am Esstisch und fügten Schlagworte zu ihrer Mindmap hinzu. Sie kamen jedoch immer wieder zu dem Punkt, dass Ben seine neuen Fähigkeiten bei einem Tier ausprobieren musste, um zu wissen, woran sie waren.

»Und welches Tier opfern wir?« fragte Perle.

Mena schauderte und verzog missmutig den Mund. Es widerstrebte ihr, irgendeinem Lebewesen zu schaden. Egal, ob es eine Maus oder ein Hund war. Etwas hilflos zuckte sie mit den Schultern: »Naja, wir können ja auch nicht mal schnell ein Tier fangen oder so.«

Perle tippte sich nachdenklich an die Nase, bis sich ihre Züge aufhellten. »Ich glaube, ich habe eine Idee.« Aufgeregt sprang sie vom Tisch auf und schnappte sich ihre Jacke. »Treffen wir uns heute Abend bei Ben? Ich besorge ein Tier.«

Ohne weitere Erklärung drückte sie Mena zum Abschied an sich und ließ diese verwirrt allein in der Küche zurück.

6. Kapitel

Pavitra

Eine schwarze Katze schlich sich durch das Dickicht um die Fabrik. Auf sanften Pfoten balancierte sie über morsche Äste und raschelndes Laub. Ihr Fell glänzte wie Seide, wenn das Licht des Mondes sie traf. Ihre spitzen Ohren lauschten aufmerksam nach rechts und links – sie hatte einen Auftrag.

Zielstrebig, ohne jegliches Zögern, glitt sie auf die Außenwand der Fabrik zu. Ihre großen gelben Augen nahmen prüfend die über ihr erscheinenden Fenster ins Visier. Leicht legte sie den Kopf zur Seite und betrachtete aufmerksam die gläsernen Barrieren, bis sie bei einem verharrte. Das Fenster war lediglich angelehnt und ließ einen Spalt Luft zwischen Rahmen und Mauer. Mit einem Satz sprang sie elegant auf die schmale Fensterbank. Ihre Haut hinterließ dünne Schlieren an dem dreckigen Glas.

Drinnen bewegte sich etwas und die Katze erstarrte in ihrer Bewegung. Da das Zwielicht der Dämmerung sie umschloss, wirkte sie wie ein unwirklicher Schatten.

Einige Sekunden wartete das Tier, bis es auf Samtpfoten seinen Weg zu dem Fensterspalt fortsetzte. Die Katze spitzte die Ohren, als die Geräusche aus dem Inneren deutlicher wurden. Sprachfetzen drangen nach draußen. Es schien, als ob drinnen eine erhitze Diskussion stattfand.

Jedoch stutze die Katze nach kurzer Zeit und lauschte angespannt. Sie konnte nur eine einzelne Stimme erkennen. Diese klang wütend, als ob sie mit jemandem stritt. Doch es folgte nie eine Antwort.

Interessiert legte das Tier den Kopf schräg und tastete mit der Pfote nach dem offenen Fensterspalt. Die Katze bekam ihre weiche Tatze zwischen den Rahmen und drückte sachte das Fenster weiter auf, bis ihr schmaler Körper geschmeidig hindurch gleiten konnte. Ohne einen einzigen Laut zu machen, sprang sie ins Innere des Raumes und orientierte sich mit raschen Blicken.

Überall lagen Berge von Stoffen und das schwächer werdende Licht von draußen erhellte den Raum nur sporadisch. Es schien, als würden die Textilien das Licht absorbieren – und das Geräusch von Fußtritten. Die Katze erstarrte, als die Stimme plötzlich direkt neben ihr wieder anfing zu schimpfen.

Flink verbarg sie sich im Schatten des nächsten Materialstapels. Ihre gelben Augen nahmen die lärmende Person ins Visier und neugierig betrachtete sie die wütenden Gesten.

Ben konnte es nicht fassen. Warum ließ er sich auf eine Diskussion mit diesem Ding in seinem Kopf ein? Er hasste es, dass Benthanir genau wusste, welche seine Schwachstellen waren. Er konnte ihn viel zu gut provozieren.

Natürlich weiß ich, was deine Schwachstellen sind, du Idiot! Ich lebe in deinem Kopf, ging der andere sofort wieder auf Bens Gedanken ein. *Und es macht so wahnsinnig viel Spaß. Wie ein hilfloser Käfer zappelst du in meiner Hand und kannst dich doch nicht befreien. Ich werde dir jedes Beinchen einzeln ausreißen, wenn du dich nicht freiwillig ergibst.*

Frustriert schrie Ben auf. Er wusste zwar, dass er Benthanir damit nur mehr Holz für sein Feuer lieferte, aber er hatte das Gefühl, verrückt zu werden.

Oh ja, das wirst du. Und weißt du, wie ich dich in den Wahnsinn treiben werde? Indem ich deiner kleinen Freundin Perle nicht nur einfach ihren Quell des Phantasmas entreißen werde, sondern ich werde sie dabei quälen und es schön lange rauszögern, damit du dabei bloß nichts von ihrem Leid verpasst.

Aus Wut über Benthanirs Worte trat Ben gegen einen der Stoffhaufen, der gefährlich zu schwanken begann. Wie in Zeitlupe beobachte Ben, dass die obersten Decken des Stapels erst langsam und dann immer schneller zur Seite wegrutschten. Aus Reflex – obwohl ihm die Ordnung in diesem Lager schnuppe war – stürzte Ben zu den fallenden Stoffen, um sie aufzufangen.

In dem Moment, in dem seine Knie auf dem Boden aufkamen und er den Stapel wiederaufrichtete, sah er aus dem Augenwinkel einen schwarzen Schemen, keinen Meter entfernt, weghuschen.

Alarmiert wandte er den Kopf der Bewegung zu. Durch die Dunkelheit und die Schatten, die die Stoffe warfen, war es schwer, den Blick zu fokussieren. Hastig kam er zurück auf die Füße und tat einen Schritt in die Richtung, in die der Schemen verschwunden war.

Sofort sah er wieder eine undeutliche Bewegung hinter weiteren Stoffbergen. Seine Nerven waren durch Benthanirs ewigem Gesäusel in seinem Kopf so angespannt, dass Ben unüberlegt losstürmte und sich mit seinem ganzen Körpergewicht auf das bewegende Etwas stürzte. Bäuchlings landete er auf dem Boden. Die Arme weit von sich gestreckt – bereit, sich alles zu schnappen, was er in die Finger bekäme.

Plötzlich hörte er ein leises Kichern über sich. Kurz blieb sein Herz stehen. Panisch wälzte er sich auf den Rücken, um der Gefahr ins Auge zu blicken, doch was er sah, ließ ihn nur verwirrt innehalten. Auf einem etwas höheren Berg aus Samtstoffen, die verführerisch in dem schwachen Licht glitzerten, saß eine schwarze Katze.

Mit gelben Augen betrachtete sie ihn von oben herab und neigte den Kopf leicht zur Seite. »Sehr elegante Landung«, schnurrte sie amüsiert.

Schockiert starrte Ben dem Tier entgegen. Warum sprach die Katze mit ihm? Wurde er jetzt endgültig verrückt?

Sogar Benthanir in seinem Kopf schwieg und wartete gespannt ab, was das Tier als Nächstes tun würde.

Die Katze zwinkerte vergnügt. »Oh, du stotterst ja gar keine sinnlosen Fragen wie: Warum sprichst du? Was bist du? – Sehr angenehm.«

Sie erhob sich ohne ein Geräusch und kam auf weichen Pfoten auf Ben zu. Er zwang sich, ruhig zu bleiben, und verharrte starr auf einer Stelle.

»So wird es angenehmer, mit dir zu arbeiten. Du hörst zu, tust das, was ich dir sage, und dafür versorge ich dich mit so viel Phantasma-Energie, wie du aufnehmen kannst.« Nach einem eleganten Sprung auf den Boden erreichte die Katze schnurrend Bens Bein und schmiegte sich an ihn.

Nun konnte er nicht mehr an sich halten und kroch von dem Tier weg.

Shh, machte Benthanir laut in seinem Kopf. *Ist doch egal, was für eine Arbeit es ist. Hast du das Wichtigste an diesem Satz nicht gehört? Sie kann uns Energie besorgen. Köstliche Phantasma-Energie.* Benthanir seufzte sehnsüchtig. *Los, frag sie, wie sie uns die Energie besorgt. Und wann!*

Ben kniff die Augen kurz zusammen, um seine eigenen Gedanken zu ordnen. Abschätzend betrachtete er das zarte Tier. Irgendwas an der Katze kam ihm so verstörend bekannt vor. Langsam und bedacht formulierte er doch eine Frage: »Wie ist dein Name?«

Die Ohren der Katze zuckten. »Interessante Wahl, um das Gespräch zu eröffnen. Bist du zu höflich, um gleich mit der Tür ins Haus zu fallen, oder einfach nur zu dumm, um die richtigen Informationen einzuholen? Naja, mir soll's gleich sein. Mein Name ist Pavitra. Ich würde dich auch fragen, wie du heißt, aber das weiß ich schon. Dein Name ist Benthanir und du bist der Sohn von Vanadis. Jahrelang beobachte ich deine Entwicklung schon und nun bist du endlich soweit! Wie war die erste Verwandlung? Aufregend? Elektrisierend?«

Ben erstarrte, ihm wurde schwarz vor Augen. Kann das sein? Die Sphinx-Katze Pavitra? Das darf doch wohl nicht wahr sein ...

In seine wirren Gedanken hinein meldete sich Benthanir: *Was darf nicht wahr sein? Woher kennst du sie?*

Unfreiwillig huschten Bens Gedanken zu der Geschichte, die ihm sein Vater immer und immer wieder zum Einschlafen erzählt hatte. Die Fabel über die sechs Tiere, die, so verschieden sie auch waren, zusammenlebten und arbeiteten. Sie lebten in Harmonie, bis sich die Katze auflehnte und die kleineren Tiere, wie die Ratte, unterdrückte. Ben hatte bis zu jenem Zeitpunkt, als er erfahren hatte, dass die Schattengestalt seines Vaters eine Ratte gewesen war, an keine Verbindung dieser Geschichte mit der Realität gedacht. Aber nun fügte sich ein zweites Puzzleteil in das zusammenhanglose Bild in seinem Kopf ein.

Benthanir ließ einen Ausruf des Verstehens ertönen. Natürlich hatte er in Bens Erinnerung gewühlt.

Du denkst, dass die Fabel nicht nur eine Geschichte ist. Du denkst, dass diese Pavitra die Katze ist, die deinen Vater unterdrückt hat. Dass sie ein Alp ist – so wie er! Hach, ist das köstlich. So tun sich viele neue Möglichkeiten auf.

Ben versuchte, sich nichts anmerken zu lassen. Mit ruhigem Ton ging er auf Pavitras Aussage ein: »Ich weiß einfach gerne, mit wem ich es zu tun habe. Und im Fall einer sprechenden Katze ...« Er ließ den Satz unbeendet und setzte sich gerade auf. »Du hast mir also ein Angebot zu machen, oder was soll ich unter ›miteinander arbeiten‹ verstehen?«

Die Schnurrhaare der Katze hoben sich ein wenig, es sah fast so aus, als würde sie grinsen. »Ah, jetzt kommen wir zu den wichtigen Punkten!«

7. Kapitel

Back to the club

Mit einer vollgepackten Lunchbox unterm Arm betrat Mena den Lagerraum. Sie hatte sich extra beeilt, damit die Pfannkuchen noch warm bei Ben ankamen.

»Da bin ich wieder!«, rief sie betont fröhlich, um Bens Stimmung gleich zu heben.

Doch nichts bewegte sich. Zögernd hielt sie inne. Ihr Blick huschte entsetzt in jede Ecke, doch der Raum war verwaist. Nur ein kühler Luftzug wehte ihr von dem offenen Fenster her entgegen und ließ sie frösteln. Sie schlang sich die Arme um den zitternden Körper.

Oh Gott, hat er sich etwa wieder verwandelt und ist weg?

Hektisch trat sie an das zerwühlte Lager aus Decken und beugte sich dicht darüber.

Mit flatterndem Herzen schlug sie einen der Stofffetzen zur Seite – und stutzte.

»Huch«, entwich es ungeplant ihren Lippen. Ein unordentlich zusammengefalteter Zettel kam zum Vorschein. »Was …?«, murmelte sie weiter, als sie das Stück Papier ergriff. Mit fliehenden Fingern faltete sie es auseinander. Es war eine Nachricht – unterschrieben von

Ben. Mena kniff im schummrigen Licht die Augen zusammen, um die kleinen Buchstaben zu entziffern:

»Mena, triff mich dort, wo sich unsere Blicke das erste Mal begegneten.«

Mena ließ den Zettel sinken. Sie wusste nicht genau, was sie fühlen sollte. Warum hinterließ er ihr eine so kryptische Nachricht? Eine Nachricht, die nur sie verstehen konnte. Als ob er seinen Aufenthaltsort verstecken müsste ...

Unbehaglich sah sie sich um. Auf einmal hatte sie das Gefühl, beobachtet zu werden. Als ob jede einzelne der dunklen Ecken des Lagers Augen hätte, die sich in ihren Rücken bohrten.

Was hat das bloß zu bedeuten?

Schnell trat sie von dem Stofflager zurück, um diesem unguten Gefühl zu entkommen. Mit feuchten Fingern knüllte sie das Stück Papier zusammen und ließ es in ihre Hosentasche geleiten. Sie stellte die Lunchbox neben dem Bett ab und beobachtete aufmerksam ihre Umgebung aus den Augenwinkeln. Mit langen Schritten verließ sie das Lager und schloss mit klopfendem Herzen die Tür hinter sich. Kurz verharrte sie, um zu lauschen. Fast erwartete sie, Schritte zu hören, die die Verfolgung aufnahmen, doch kein Mucks war zu hören. Leicht schüttelte sie über ihre eigene Paranoia den Kopf.

Wie albern ist das denn? Nur weil Ben mir eine knappe Nachricht geschrieben hat, muss das noch lange nicht bedeuten, dass der Teufel hinter ihm oder mir her ist. Vielleicht ist der kurze Text auch romantisch gemeint?

Menas Wangen wurden rot und ihr lief ein wohliger Schauer den Nacken hinunter. Zumindest wäre ihr diese Annahme lieber als die irrationale Idee eines geheimen Treffens auf Grund eines Verfolgers!

Der Ort, an dem sich das erste Mal unsere Blicke trafen?

Mit absoluter Sicherheit wusste Mena, wo ihr Freund auf sie warten würde. Im *Clocker*.

Mena bog mit ihrem Fahrrad in die Straße zum *Clocker* ein. Eigentlich fuhr sie immer mit dem Bus die paar Stationen in den Nachbarort, aber heute hatte sie sich nicht vorstellen können, tatenlos auf einem fleckigen Bussitz zu verharren. Die Anstrengung hatte ihr gutgetan. Sie war gefahren wie der Teufel und ihre Waden brannten.

Sie liebte das Gefühl des schnellen Fahrens. Unabhängig und frei zu sein. Wie würde das erst werden, wenn sie ihren Führerschein hatte? Wahrscheinlich würde sie grundsätzlich zu schnell fahren und nach einem halben Jahr ihren Lappen wieder verlieren.

Mena grinste in sich hinein. Aber wenn laut Heavy Metal aus dem Autoradio dröhnte, konnte man nicht fahren wie ein Weichei!

Mit Ben hatte sie das schon ein paar Mal erlebt, dass sein Fuß im Tempo des Gitarrenriffs das Gaspedal trat. Mena fand es klasse, dass er schon ein eigenes Auto hatte.

Bei ihrem ersten Date hatte Ben sie mit dem Auto seines Vaters abgeholt. Den schicken Mustang hatte er jedoch bei einem Autohändler eintauschen müssen, um keine Fragen aufkommen zu lassen. Schließlich sah Menas Mutter die beiden des Öfteren mit dem Auto durch die Gegend fahren und Ben hatte nicht riskieren wollen, dass sie den Wagen als das Auto des neuen Nachbarn erkannte. Nun hatte er einen unauffälligen VW in einem coolen Mattschwarz.

Mit dem fahrbaren Untersatz waren sie schön flexibel und auf niemanden angewiesen.

Vor ein paar Wochen hatten sie dadurch abends nach der Schule einen wundervollen Ausflug zum Baggersee machen können. Da das Wetter nicht so schön gewesen war, hatten sie den kompletten See für sich allein gehabt. Das Wasser war herrlich erfrischend gewesen und Ben war geschwommen wie ein Fisch. Total übermütig war er immer wieder untergetaucht und hatte sich lachend die

Tropfen aus den nassen Haaren geschüttelt.

Mena hatte ihn verliebt dabei beobachtet und sich gefragt, ob er so etwas in der Albtraumwelt, aus der er eigentlich stammte, je hatte machen können.

Es war ein Wunder, dass er überhaupt schwimmen konnte. Sein Vater war wohl kaum mit ihm ins Schwimmbad gegangen und hatte mit ihm geübt. Vielleicht hatte Ben es sich selbst beigebracht. Um die Burg des Alps war schließlich Wasser gewesen.

Ein kalter Schauer war Mena über den Rücken gejagt, als sie an das tosende, tiefschwarze Meer zurückgedachte hatte.

Um sich schnell wieder zu wärmen, hatte sie ihre Arme um Bens Hals geschlungen, und ihm das Wasser von der Nasenspitze geküsst. Er hatte seine Stirn an ihre gelegt und die Augen geschlossen.

»Dieser Moment sollte ewig andauern«, hatte er geflüstert.

Als in dieser Sekunde die ersten Regentropfen auf ihren Kopf gefallen waren, hatte Mena laut aufgelacht. »Tja, das sieht das Universum wohl anders.«

Schnell waren die beiden untergetaucht. Der Regen war in dicken Tropfen auf die Wasseroberfläche über ihnen geprasselt und hatte Kreise gezogen. Wie Fingerspitzen, die Kuhlen im Sand hinterlassen. Ben hatte unter Wasser nach Menas Hand gegriffen und sie hinter sich her in Richtung Ufer gezogen.

Am Rand des Sees angekommen, hatte der Regen wie tausend kleine Stecknadeln auf der Haut geprasselt. Mena hatte gejauchzt und war fröhlich aus dem Wasser gehüpft. Sie hatte die Arme zum Himmel gestreckt und sich um die eigene Achse gedreht.

»Du Verrückte!« Ben hatte gelacht und war schnellen Schrittes zu ihrer Tasche mit den Handtüchern gelaufen. Er hatte sich eins mit bunten Blumen geschnappt und es sich über den Kopf geworfen. Wie ein geblümter Geist war er zu Mena gewankt und hatte sie mit unter seinen Regenschutz gezogen und seine Arme um sie geschlungen, um sie zu wärmen …

Mena seufzte bei diesen schönen Erinnerungen.
Jetzt dürfte mich gerne wieder jemand wärmen!

Beim schnellen Radeln hatte sie sich so aufgeheizt, dass sich vom Fahrtwind eine leichte Gänsehaut auf ihren nackten Unterarmen ausbreitete. Sie ließ das Fahrrad die letzten Meter ausrollen und schwang ihr Bein schon vor dem Halten über die Mittelstange.

Suchend sah sie sich nach einer Möglichkeit um, ihren Drahtesel abzustellen. Wirkliche Fahrradständer gab es nicht. Was auch nicht weiter verwunderlich war bei einem Club …

Mena entschied sich für eine Straßenlaterne, die trotz der erst mäßigen Dunkelheit hell leuchtete und dem Neonschild des *Clocker* damit ordentlich Konkurrenz machte.

Nachdem sie ihr Fahrrad abgeschlossen hatte, blickte sie nach oben zu dem Schriftzug und eine Woge aus Emotionen überkam sie. Hier war schon so viel passiert …

Schnell lief sie auf das Backsteingebäude mit dem flachen Dach zu. Die Fenster waren mit dicken, schwarzen Platten, die über und über mit Band-Plakaten vollgeklebt waren, abgedunkelt. Auf jedem Stein hatten sich Gäste verewigt. Auch Mena war eines Tages geistesgegenwärtig genug gewesen, sich einen wasserfesten Stift mitzunehmen. Sie suchte mit den Augen nach ihrer Handschrift – sie hatte ihr Lieblingszitat aus einem Lied auf die Mauer geschrieben: ›*I love my coffee black just like my metal*!‹ und einige Sterne und Noten hinzugefügt …

Da ist es!

Unverkennbar mit schwungvollen Buchstaben. Mena ließ im Vorübergehen ihre Fingerspitzen über die unebene Oberfläche des Backsteins gleiten.

Sie schob sich durch die schwere Eisentür, die nur angelehnt in den Angeln hing, und sofort schlug ihr ein Schwall feuchtwarmer Luft entgegen. Sie trat hinein in die Dunkelheit des Konzertraumes. Für einen Sonntagabend war relativ viel los.

Sie kam gerade pünktlich zu Beginn des Konzertes. Leise Jubelrufe ertönten, als die ersten Gitarrenklänge andächtig angeschlagen wurden. Tiefrotes Licht enthüllte den Frontmann der Band und Nebel waberte um seine Beine.

Mena orientierte sich und versuchte, über die vielen Köpfe der Besucher zur Bühne zu sehen. Sie hatte kurz mit ihrem Handy geprüft, welche Band heute spielte, kannte den Namen aber nicht. Vom Stil her erinnerten sie ein wenig an die alten Hard-Rock-Meister. Als sie durch einen Spalt im Publikum einen Blick auf den Sänger erhaschte, bestätigte sich ihre Annahme. Mena grinste. Ein langhaariger Mittfünfziger mit einer Leopardenhose und Cowboystiefeln. *Sehr kultig!*

Die ersten Noten eines ihr unbekannten Liedes wurden angespielt und die Menge applaudierte. Der Sänger begann, mit rauchiger Stimme zu singen, und die kleinen Härchen auf Menas Armen stellten sich auf. Die aufbauenden Takte des Songs wurden nur von der Gitarre heraufbeschworen, bis mit einem flammenden Inferno der Rest der Band einsetzte. Der Bass schoss durch Menas Körper wie eine Kanonenkugel und traf sie mitten ins Herz. Der Boden fing an zu vibrieren und Mena grinste. Sie merkte, wie ihr Kopf automatisch anfing, im Takt zu wippen, obwohl ihr nun wirklich nicht nach Tanzen zu Mute war.

Mit bedachten Schritten schlängelte sich Mena durch die dichte Masse an Menschen.

»Sorry! Darf ich mal? 'Tschuldigung?«, murmelte sie in einem Stück und bahnte sich ihren Weg durch die aufgeheizten Leiber. Sie wusste genau, wo sie Ben finden würde. Im hinteren Teil des Clubs an der nackten Steinwand.

Dort hatten sie das erste Mal miteinander gesprochen, dort hatten sich seine intensiv grünen Augen das erste Mal in ihre gebohrt. Als sie sich durch die letzte Reihe Rocker schob und die Wand endlich vor sich sah, hielt sie irritiert inne.

Wo ist er? Menas Blick huschte verunsichert von Gesicht zu Gesicht. *Habe ich mich etwa mit dem Treffpunkt geirrt? Nein, das kann nicht sein. Oder?*

Unruhe machte sich in ihr breit und sie war drauf und dran, auf dem Absatz kehrtzumachen, als sie eine Berührung an ihrem Schienbein bemerkte. Erschrocken blickte sie an sich hinunter. Eine Hand umklammerte ihre Wade. Bens Hand.

Erleichtert atmete sie aus. Er saß auf dem Boden vor der Wand, grinste schief zu ihr nach oben und zog sie zu sich runter.

»Ich schrieb doch – da wo sich unsere Blicke das erste Mal begegneten.«

Mena lachte, als sie begriff, was er meinte. »Naja, ich wusste ja nicht, dass du damit nicht nur den Ort, sondern auch die Höhe unserer Augen meintest.«

Sie ließ sich neben ihm an der Wand hinabsinken. Genauso hatten sie damals auch dort gesessen, nur mit ein wenig mehr Abstand. Sie drehte ihren Kopf zu Ben und sah ihm ins Gesicht. Er wirkte erschöpft und hatte dunkle Schatten unter den Augen und den Wangenknochen. Besorgt hob sie eine Hand und strich ihm die wirren, schwarzen Haare aus der Stirn. Ihr Blick wurde ernst, als sie sah, dass er traurig die Augen schloss.

»Ben, warum treffen wir uns hier? Du weißt, mit guter Musik und der betörenden Duftmischung aus Rauch, Schweiß und Bier kannst du mich immer begeistern. Also, warum schreibst du mir eine verschlüsselte Nachricht, um mich hier zu treffen?«

Ben zögerte.

»Es ist absurd«, setzte er an. Seine Stimme war schwach.

Mena musste sich weit zu ihm beugen, um ihn bei der lauten Musik überhaupt verstehen zu können. Sein Atem traf heiß ihre Schläfe. Sofort unterbrach sie ihn und hob ihre Hand zu seiner Stirn. »Oh Gott, Ben! Du glühst ja! Hast du etwa Fieber?«

Sie suchte seinen Blick. Die grünen Augen blickten sie glasig an und versuchten verzweifelt, sich auf ihre Iris zu fokussieren. Sie nahm sein Gesicht in ihre Hände, die von draußen noch kalt waren und kühlte seine Wangen.

Er seufzte leicht und begann wieder, mit dünner Stimme zu sprechen: »Mena, ich muss dir dringend etwas erzählen. Es sind zwei Dinge passiert ...« Seine Stimme versagte und er krampfte sich unter ihren Händen zusammen.

»Ben! Was ist los? Brauchst du einen Krankenwagen?« Sie rappelte sich sofort hoch, doch da hielt er sie am Fußknöchel fest. »Nein, keinen Krankenwagen.« Er schnaufte etwas und schüttelte harsch den Kopf, fast so, als trage er einen inneren Kampf aus.

Besorgt machte Mena sich los. »Gut ... Okay, keinen Krankenwagen. Aber du glühst! Du brauchst Wasser! Ich hol dir ein Glas von der Bar. Bin sofort zurück. Rühr dich nicht vom Fleck!«

Energisch und mit ausgefahrenen Ellbogen bahnte Mena sich ihren Weg durch die Menschenmassen zum Bartresen. Sie erkannte den Typen, der heute Dienst hatte, und grüßte ihn mit einem freundlichen Kopfnicken. So oft, wie sie hier war, kannte sie sogar seinen Namen.

»Hey, Nick! Alles gut soweit?« Sie lehnte sich mit dem Oberkörper an den auf Hochglanz polierten Tresen.

Er grinste ihr zu und tippte sich an die Nase: »Mena, es ist Sonntag! Solltest du nicht im Bettchen liegen, damit du morgen im Matheunterricht nicht einschläfst?«

Mena streckte ihm die Zunge raus: »Du hörst dich schon an wie meine Mutter! Aber ja, Sonntag ist eigentlich nicht so mein Partyabend.«

Ihr war klar, dass sie immer eine der Jüngsten im *Clocker* war, aber sie hatte die Leidenschaft zur Rockmusik nun mal sehr früh entwickelt und hier tolerierte man jeden, der ein Faible für gute Gitarrenriffs hatte.

Der Barkeeper deutete mit einer vagen Kopfbewegung in Richtung des Bierkühlschrankes: »Das Übliche für dich?«

»Ähm, nein.« Sie räusperte sich. »Meinem Freund ist ein wenig schwindelig. Kann ich vielleicht ein Glas Leitungswasser bekommen?«

Skeptisch schnellten seine Augenbrauen in die Höhe. »Ihm ist schwindelig? Bist du dir sicher, dass er nicht einfach zu viel getrunken hat? Wenn der mir den Laden vollkotzt, dann kommst du nachher mit 'nem Feudel vorbei und machst das eigenhändig weg!«

Ein kleines Grinsen huschte über Menas Gesicht. Die Vorstellung, hier nach Ladenschluss zu arbeiten, erschien ihr gar nicht so verkehrt.

»Ne, er hat nichts getrunken. Ist bestimmt nur die Wärme hier drin«, sagte sie schnell und sah Nick bittend an.

Dieser lachte laut auf. »Na, bei so einem Hundeblick kann ich ja gar nicht nein sagen.« Schmunzelnd ließ er ein Glas Leitungswasser ein. »Das kannst du schon sehr gut mit deinen großen Rehaugen.« Er reichte ihr das Wasser und zwinkerte ihr noch einmal zu.

Mit einem verschmitzten Lächeln schloss sie die Hand fest um das Glas und drehte sich zurück zur Menschenmenge.

Mena balancierte die Flüssigkeit vorsichtig durch die tanzenden Menschen zurück zu Ben. Sie konnte die Mauer schon sehen und sofort huschte ihr Blick panisch hin und her. Ben war weg! Er hatte doch hier warten sollen!

Ihr Herz flatterte. Sie stellte sich auf die Zehenspitzen und reckte sich, um über die Köpfe der Konzertbesucher hinweg sehen zu können.

Ich bin höchstens drei Minuten weggewesen, wo kann er so schnell hin sein?

Frustriert ächzte sie. So viele Köpfe! Und alle trugen schwarze Kapuzen oder hatten dunkle Haare.

Plötzlich entdeckte sie Bens wuscheligen Hinterkopf unter all den anderen. Er war auf dem Weg zum Ausgang.

»Ben!«, rief Mena laut gegen die Musik an, doch der Schall wurde sofort von dem Bass der Band verschluckt.

Mist!

Hastig schob sie sich ihm hinterher. Das Wasser schwappte in alle Richtungen, Mena achtete überhaupt nicht darauf, dass sie nasse Flecken auf Pullovern und Hosen hinterließ. Forschen Schrittes kämpfte sie sich ihren Weg frei, immer wieder den Hals reckend, um Ben bloß nicht aus den Augen zu verlieren. Er war schon fast beim Ausgang angekommen, doch sie holte schnell auf. Als er in den Flur zur Eingangstür verschwand, schupste Mena gerade die letzten Leute aus dem Weg und stürzte ihm hinterher.

»Ben! Warte!«, rief sie wieder laut und trat ebenfalls hinaus in den Gang. Keine sechs Meter entfernt von ihr, riss ihr Freund energisch die Tür auf und warf ihr einen eiskalten Blick zu.

»Bleibt weg von mir! Vor allem Perle!«, zischte es zwischen seinen zusammengebissenen Zähnen hervor. Ohne ein weiteres Wort rannte er in die Nacht hinaus und ließ die Tür krachend ins Schloss fallen.

Erschrocken fuhr Mena bei dem lauten Knall zusammen und ihre Finger lösten sich von dem Wasserglas, das sie immer noch in Händen hielt. Das Klirren des brechenden Glases auf dem Boden beschrieb das Gefühl, was sich durch ihre Magengegend zog, ziemlich gut.

Was war das denn? Mena stand kurz wie angewurzelt da und versuchte, den Blick ihres Freundes einzuordnen. *So distanziert, so fremd ...*

Ich habe ihn fast nicht wiedererkannt.

Dann gab sie sich einen Ruck und lief zum Ausgang. Kalte Luft schlug ihr entgegen, als sie nach draußen in die Nacht stürzte und Ben hinterherrennen wollte. Doch da war kein Ben mehr. Der Parkplatz und die Straße, die sich vor ihr erstreckten, lagen einsam und still da.

In Mena tobte das schlechte Gewissen. Sie war eine halbe Stunde durch die Gegend um das Clocker herumgezogen, um ihren Freund zu finden, war dabei aber sehr zögerlich vorgegangen, da seine Worte sie stark verunsichert hatten. Es war total okay, wenn er allein sein wollte, aber es so harsch auszudrücken? Da musste doch mehr dahinterstecken. Warum war sie nicht bei ihm geblieben, als er angesetzt hatte, ihr alles zu erklären? Warum hatte sie ihm nur das doofe Wasser holen wollen? Dass er verschwand, war so wahnsinnig untypisch für ihn.

Oder?

Mena war auch immer lieber mit ihrem Leid allein, als vor jemandem die Fassade fallen zu lassen. Aber sie hatte gedacht, dass Ben und sie schon weiter waren. Vielleicht kannte sie ihn doch nicht so gut, wie sie dachte. Geknickt schnappte sie sich ihr Fahrrad und rief Perle an.

»Hey, Perle. Es geht um Ben ... Wir hatten uns im Clocker getroffen und dann ist er verschwunden. Er will unsere Hilfe im Moment nicht. Vielleicht sagen wir unser Projekt für heute Abend lieber ab und lassen ihn ein paar Stunden in Ruhe.«

Perle schnaubte in den Hörer. »Toll, dann habe ich umsonst einige der Angelköder meines Opas geklaut? Weißt du eigentlich, wie eklig sich diese dicken Würmer winden, wenn man sie von der einen Schachtel in die Nächste heben will? Naja, gut ... Ben war vorhin ja auch schon so merkwürdig drauf. Geht es dir denn gut, meine Süße?« Beim letzten Satz war ihre Stimme sanft geworden.

Mena bekam einen Kloß im Hals und schluckte schwer. »Ja ... irgendwie kann ich ihn ja verstehen. Wir wollen ihm zwar helfen, aber für ihn ist das bestimmt gerade auch total viel. Wir kriegen das schon wieder auf die Reihe.«

Perle teilte ihr aufmunternd ihre Zustimmung mit und die beiden verabredeten sich für den nächsten Morgen vor der Schule.

8. Kapitel

Back to school

Mena hatte unruhig geschlafen. Immer wieder war sie wach geworden und hatte sich von einer Seite auf die andere gewälzt, um dann von Ben, schwarzen Füchsen und dämonischen Fratzen zu träumen.

Vor dem Schlafengehen hatte sie es noch einmal bei Ben auf dem Handy probiert, aber dort war direkt die Mailbox angesprungen. Sie hatte sich vorgenommen, vor der Schule in der alten Fabrik vorbeizufahren, um nach ihm zu sehen.

»Mena! Kind, du musst aufstehen!«, kämpfte sich die aufgebrachte Stimme ihrer Mutter durch Menas benommenen Verstand. Sie spürte, wie ihr die Decke weggezogen wurde und ein kalter Luftzug ihre nackten Beine traf. Laut ächzte sie und vergrub ihr Gesicht in ihrem Kissen.

»Mena! Los! Es ist schon viertel vor Acht. Die Schule fängt gleich an.«

Ihre Mutter zog an ihrer Wade, um sie zu mobilisieren. Was jedoch nach dem letzten Satz vollkommen überflüssig war.

Viertel vor Acht? Auf einen Schlag war Mena hellwach und sprang aus dem Bett.

»Warum ist es schon so spät?«, fluchte sie laut und warf ihrer Mutter einen anklagenden Blick zu.

Diese betrachtete ihre Tochter empört. »Du stellst dir doch seit Jahren deinen Wecker selbst. Da achte ich doch nicht jeden Morgen darauf, ob dieser auch klingelt! Schließlich bist du alt genug.«

Mena fluchte wieder – dieses Mal lauter. Sie hatte vergessen, ihren Wecker zu stellen.

»So ein Mist!«

Sie stand schon vor der Kommode und kramte in ihren Klamotten. Für eine Dusche war es zu spät.

Ihre Mutter betrachtete Mena kopfschüttelnd dabei, wie sie versuchte, gleichzeitig Shirt und Hose anzuziehen.

»Ich fahr dich zur Schule. In fünf Minuten geht's los!« Sie ging an ihrer Tochter vorbei in den Flur.

»Verdammt, verdammt, verdammt!«, schimpfte Mena in den Stoff des Pullis, den sie sich gerade über den Kopf zog. *Jetzt kann ich definitiv nicht mehr bei Ben vorbeischauen.*

Sie stolperte schnell ins Bad, um sich wenigstens die Zähne zu putzen. Ein Blick in den Spiegel ließ sie aufstöhnen. Ihre kurzen braunen Haare standen wirr in alle Richtungen ab und frisch war das letzte Wort, was ihr zur Beschreibung ihrer Haut gerade einfiel. Während die elektrische Zahnbürste ihre Kreise über ihre Zahnoberflächen zog, spritze sich Mena etwas unbeholfen Wasser ins Gesicht und über den Pony.

»Mena, fünf Minuten sind um. Hopphopp!«, ertönte es genervt von unten. Mena rollte mit den Augen. Sie spuckte die Zahnpasta aus und schnappte sich ihre Mascara. *Zumindest die kann ich im Auto noch auflegen ...*

Als Mena mit hochrotem Kopf in den schon verschlossenen Klassenraum hineinstürmte, blickten sie dreißig Augenpaare interessiert an. Sehr unangenehm!

Sie zog leicht den Kopf ein, als ob sie sich so besser vor dem Gekicher ihrer Mitschüler schützen könnte. Der Mathelehrer warf ihr einen vorwurfsvollen Blick zu.

»Madame Sambale, mal wieder zu spät und noch nicht mal eine Entschuldigung auf den Lippen.« Er zückte seinen Kugelschreiber und kritzelte etwas Unleserliches ins Klassenbuch.

Mena stöhnte innerlich laut auf, zwang sich aber zu einem schiefen Lächeln.

»Entschuldigung, Herr Wolff. Kommt nicht wieder vor«, sagte sie und suchte sich zügig den Weg zu ihrem Platz.

Als Mena sich setzte, klopfte Perle vorwurfsvoll mit ihren bunt lackierten Fingernägeln auf die gemeinsame Tischplatte. Immer wenn sie Kurse zusammen hatten, saßen die beiden nebeneinander.

»Wir waren doch verabredet!«, zischte sie Mena zu.

Ach ja, das war auch noch gewesen!

»Sorry, ich habe verpennt. Ich habe es noch nicht mal geschafft, heute Morgen bei Ben vorbeizuschauen. Ich hoffe, es geht ihm gut...«

»Ich hoffe, er hat ein schlechtes Gewissen«, verkündete Perle und stupste Mena schelmisch gegen den Oberschenkel. »Erst mich und dann dich an einem einzelnen Tag vor den Kopf zu stoßen, ist schon eine ganz schöne Kunst.«

Mena lächelte schief. Sie wusste, dass ihre Freundin es nur gut meinte, aber die Sorge um Ben verknotete ihr den Magen. Dass Ben explizit Perle nicht sehen wollte, hatte sie ihrer Freundin verschwiegen. Perle war zu schnell gekränkt und das würde alles nur erschweren.

Der Matheunterricht floss zäh wie Gummi an ihnen vorbei. Sie konnte sich partout nicht darauf konzentrieren. Träge kratzte sie sich am Kopf und ließ ihren Blick aus dem Fenster schweifen. Der Tag war grau und verregnet. Er fühlte sich klamm und ungemütlich an und ließ Mena gähnen. Abwesend betrachtete sie die Innenseiten ihrer Handflächen – die dünnen Linien, die sich wie Fäden eines Spinnennetzes über ihre Haut zogen und sich zu dem unverkennbaren ›M‹ der Lebens- und Schicksalslinien zusammenfügten.

Das erinnerte Mena daran, dass sie als Kind mit ihrer Mutter auf dem alljährlichen Jahrmarkt einmal aus einer übermütigen Laune heraus in das Zelt einer Karten- und Handleserin geraten war. Ihre Mutter hatte für zweimal Handlesen bezahlt und zwinkernd zu Mena gesagt: »Na, dann schauen wir mal, was unsere Zukunft so für uns bereithält.«

Die Schaustellerin war eine junge, hübsche Frau mit dunkeln Haaren gewesen. Fasziniert hatte Mena der Frau dabei zugesehen, wie sie sanft die Hand ihrer Mutter ergriffen und eingehend studiert hatte. Eine ihrer geschwungenen Augenbrauen hatte sich gehoben und sie hatte Menas Mama prüfend betrachtet. Langsam war die Schaustellerin die Linien nachgefahren und hatte dabei mit leiser Stimme zu ihr gesagt: »Du hast etwas verloren. Etwas Wichtiges. Aber vergiss nicht, an was du glaubst – bleibe dir treu. Es wird sich wieder die Situation ergeben, in der du zweifeln wirst, aber versuche das große Ganze zu sehen.«

Mena hatte verwirrt versucht, diesen zusammenhanglosen Sätzen zu folgen und sie in eine Verbindung mit ihrer Mutter zu stellen. *Was hatte sie denn verloren?*

Der Blick in das Gesicht ihrer Mutter hatte ihr verraten, dass es auch in ihrem Kopf ratterte. Nachdenklich hatte sie auf ihre Hand geblickt, bis sie sich aus der kurzen Starre gerissen, sich zu einem Lächeln gezwungen und der Schaustellerin die Hand entzogen hatte.

»So Mena, nun darfst du.« Sie hatte Mena bedeutet, ihre Hand auszustrecken. Mit einem etwas mulmigen Gefühl im Bauch hatte Mena getan, wie ihr geheißen. Die Finger der hübschen Frau waren warm gewesen und glitten sanft über die Innenfläche von Menas Hand. Freundlich hatten diese haselnussbraunen Augen Mena angesehen, bis die Frau plötzlich innegehalten und ihren Blick zu einer der Handlinien hatte schnellen lassen. Sie hatte einmal stoßartig ein- und ausgeatmet. Der Körper von Menas Mutter hatte sich verkrampft und ein nervöses Knistern hatte die Luft erfüllt. Die Schaustellerin hatte erst verunsichert zu Menas Mutter und dann zu Mena selbst geschaut. »Ich sehe bei dir ... Dunkelheit. Irgendwann wirst du dich entscheiden müssen. Für oder gegen sie ... Aber bedenke, das Bild des Lebens besteht nicht nur aus Schwarz und Weiß. Eine Macht wird erwachen, die dir vielleicht nicht geheuer sein wird.«

Wie aus einem Reflex hatte die Wahrsagerin Menas Hand blitzartig losgelassen und sich geräuspert. Ruckartig war Menas Mutter aufgesprungen und hatte nach dem Arm ihrer Tochter gegriffen: »Ich glaube, das reicht. Das Kind bekommt noch Angst. Komm, meine Kleine, wir gehen.«

Dieses schräge Erlebnis war in Menas jungem Bewusstsein verblasst und von anderen Dingen überlagert worden – bis jetzt. Wie erstarrt blickte Mena immer noch ihre Handfläche an. *Eine Dunkelheit ...*

Natürlich hatte das damals für sie keinerlei Bedeutung gehabt. Auch ihre Mutter schien sehr verwirrt gewesen zu sein.

Aber konnte diese Dunkelheit nicht etwas mit dem Alpdämon zu tun haben?

Vor ihrem inneren Auge zogen Erinnerungen an Vanadis vorbei. Auch das Bild, wie der dämonische Schatten auf Ben übergegangen war.

War das der Punkt, an dem ich mich entscheiden sollte? Entweder für die Dunkelheit in Ben oder gegen ihn?

Leise keuchte Mena auf. Anscheinend hatte sie vor Entsetzen vergessen zu atmen. Ihr Blick schnellte zu Perle, die sie fragend von der

Seite betrachtete.

»Ich entscheide mich für ihn. Für Ben«, brachte Mena stockend hervor.

Perle zog irritiert die Augenbrauen zusammen: »Aha …«, sagte diese gedehnt. »Find ich super, dass du mich dabei anschaust, als ob du mir die Haut vom Knochen schmilzt, wenn ich etwas dagegen sagen würde.«

Mena konnte sich immer noch nicht aus ihrer Starre reißen und bohrte ihren Blick in den ihrer Freundin. »Fährst du gleich mit mir zu ihm? Ich habe das ungute Gefühl, wir haben schon zu viel Zeit verschwendet, in der wir eine Lösung hätten finden können.«

»Mhm … Okay.« Mit gleichgültiger Miene zuckte Perle mit den Schultern. »Gleich ist eh Sportunterricht. Den hasse ich wie die Pest.«

Nach der Mathestunde – sie wurden noch zwei Mal harsch ermahnt, mit dem Getuschel aufzuhören und endlich aufzupassen – schlenderten die beiden möglichst unauffällig den Schulflur hinunter. Perle pfiff sogar vor sich hin, während sie aus den Augenwinkeln die Fluchtwege prüfte.

»Ich glaube, die Luft ist rein«, zischte sie zwischen unbewegten Lippen hervor.

Mena nickte grinsend. Oft schwänzten die beiden nicht, aber wenn es doch geschah, dann fühlte es sich immer wie ein Abenteuer an – eine verbotene Süßigkeit, die sie probierten. Auf den letzten Metern des Schulgeländes vergrößerten sie ihre Schritte und bogen flink um die nächste Hausecke.

Als die zwei die Fabrik erreichten und unter dem rostigen Garagentor hindurch gekrabbelt waren, wusste Mena schon, dass irgendetwas nicht stimmte. Mittlerweile funktionierte ihr Bauch wie eine Radarstation. Durch leichtes Kribbeln wusste sie sofort, wenn Ben in ihrer Nähe war. Und diesmal meldete sich nichts, nur ein leeres Loch. Eiligen Schrittes lief sie den Flur entlang Richtung Lager.

Die Tür stand offen. Panisch betrat Mena den Raum und sah sich mit einem einzigen, schweifenden Blick um. Ben war nicht da.

Die Stoffbahnen waren wild durcheinandergeworfen und das Fenster war sperrangelweit offen. Atemlos hastete Mena durch den Raum und beugte sich mit ihrem ganzen Gewicht aus dem Fenster.

»Ben!«, rief sie laut in die Natur um das Fabrikgebäude herum.

Perle war ihr schnell gefolgt und trat nun neben sie. Aufmerksam ließ auch sie ihren Blick nach draußen schweifen. Ihr Atem wurde stockend, als sie Mena die Hand auf die Schulter legte und mit dem Kopf Richtung Fensterbrett nickte: »Sind das da nicht Abdrücke von Pfoten?«

Mena sah sofort, was ihre Freundin meinte. In einer Dreckschicht, die sich wahrscheinlich über Jahre gesammelt hatte, waren zarte Spuren zu sehen. Eilig stützte Mena ihren Körper auf dem Fenstersims ab und schwang ein Bein hinaus ins Freie. Mit einiger Anstrengung und immer darauf bedacht, die Staubschicht nicht zu berühren, um die Spuren nicht zu verwischen, zog sie das zweite nach und landete unsanft draußen im Laub.

Von hier aus kann ich die Spuren besser sehen.

Sie beugte sich nah an das Fensterbrett und studierte die kleinen Abdrücke. Schnell hatte ihr Gehirn die Informationen verarbeitet. »Perle guck mal ... Ich bin keine Spezialistin, aber diese Abdrücke«, sie zeigte mit dem Finger auf eine Spur im Dreck, »sehen anders aus als diese hier, oder?«

Nun schwang auch Perle sich neugierig aus dem Fenster und beugte sich zu ihrer Freundin. »Ja, du hast recht. Diese hier sind kleiner und zarter«, bezog sie sich auf die ersten, die Mena betrachtet hatte.

Verwirrt kratzte Mena sich am Kopf. War das nur ein Zufall? Vielleicht stammte keine der Spuren von Bens Schattengestalt.

Perle zog, ohne lange zu überlegen, ihr Handy aus der Tasche und tippte wild darauf ein.

»Guck mal ... Das kommt, wenn ich nach Tierspuren suche.« Sie hielt das Handy so, dass Mena die Bilder mit betrachten konnte, die die Suchmaschine ausspuckte. Perle scrollte einige Zeit nach unten, bis sie bei einem innehielt und es vergrößerte: »Das könnte die größere Spur sein, oder?«

Mena führte Perles Handy-Hand aufgeregt näher an das Fensterbrett heran.

Ja, die Spuren ähneln sich wirklich – von der Form her eher länglich und die mittleren beiden Zehen ragen hervor.

»Und was ist das für ein Tier?«, fragte sie schnell.

Perle ließ sich auf die Seite mit dem Bild weiterleiten und stellte dann laut und nicht sonderlich überrascht fest: »Fuchs!«

Mena seufzte und schlug die Augen nieder. Sie hätte es wissen sollen. Wieso hatte sie ihn gestern nur allein gelassen? Sie hätte bei ihm bleiben sollen, egal ob es ihm missfallen hätte.

Perle scrollte mit fliegenden Fingern die weiteren Tierspuren durch. Dabei blies sie unheilvoll die Wangen auf und zog zweifelnd die Augenbrauen zusammen.

»Tja, die andere Spur könnte vieles sein ... Ein kleiner Hund, eine Katze, ein Luchs ... Das ist so die Standardform von Pfoten«, erklärte sie sachlich.

Nachdenklich biss Mena sich auf die Unterlippe und erwiderte: »Mhm, eigentlich ist es ja auch egal, was für ein Tier es ist, ich verstehe nicht, warum hier überhaupt zwei Spuren sind. Kann Ben sich jetzt vielleicht auch noch in ein anderes Tier verwandeln?«

War das möglich? Konnte das Vanadis damals auch?

Mena ärgerte sich über ihre Unwissenheit. Sie hatte viel zu wenig Ahnung über Dämonen und deren Eigenschaften! Wie sollten Perle und sie da eine Lösung für Bens Problem finden, wenn sie noch nicht mal das Problem wirklich verstanden.

Perle las anscheinend ihre Gedanken, denn ihr Blick wurde bedeutungsschwer. »Ich weiß, du willst es nicht hören, aber ich glaube, wir kennen eine Person, die uns da wirklich mehr sagen kann.«

Mena ächzte. »Du willst wirklich wieder zu der Hexe ins Haus? Die wird sonst was mit uns anstellen, wenn sie wirklich rausgefunden hat, dass wir ihr den Edelstein und die Seite aus dem Bannbuch gestohlen haben.«

Perle zuckte mit den Schultern und grinste keck. »Wer nicht wagt, der nicht gewinnt! Ich sag nur ... ich glaube schon, dass sie uns weiterhelfen könnte.«

9. Kapitel

Kleiner Hoffnungsschimmer

Mena hatte sich nach Kurzem hin und her doch breitschlagen lassen. Ganz tief in ihrem Inneren wusste sie, dass Perle mit ihrer Aussage, Frau Behring sei ihre einzige sinnvolle Spur, recht hatte ... Manchmal musste man sich eben eingestehen, dass man Hilfe brauchte.

Mit einem mulmigen Gefühl hatte Mena sich bei ihrer Freundin hinten aufs Fahrrad geschwungen. Da sie ihr Rad durch das Verschlafen nicht dabeihatte, musste sie sich wohl oder übel den Po auf Perles Gepäckträger plattsitzen.

Perle radelte wie besessen und Mena musste sich ordentlich an dem buntbedruckten Sweatshirt ihrer Freundin festkrallen, um nicht von ihrem Platz zu rutschen. Als sie nach knapp zehn Minuten in die verlassene Einbahnstraße zu Frau Behrings Haus einbogen, kam es Mena wie gestern vor, als sie mit Ben und Perle die alte Dame bestohlen hatte. Auch Perle schien dieser Gedanke zu kommen, denn ihre Fahrt verlangsamte sich.

Fängt sie jetzt etwa doch an, ihren Plan anzuzweifeln?

Menas Füße berührten den Boden. Mit einem kleinen Hüpfer

sprang sie von dem ausrollenden Fahrrad ab. Sie merkte, wie das Blut zurück in ihren eingeschlafenen Popo floss und dieser gemein kribbelte. Verstohlen sah sie sich um und rieb sich dann etwas undamenhaft das Hinterteil. Ihr Blick wanderte zögernd zu dem verwitterten Haus, das ihr durch den Tag, an dem sie Frau Behring observiert hatten, so unglaublich vertraut vorkam. Seit damals hatte sie nicht mehr an die alte Dame gedacht, nun lief ihr sofort ein kalter Schauer über den Rücken.

Ihre Freundin ließ ihr Fahrrad achtlos auf dem Seitenstreifen fallen und stellte sich neben sie. »Das wird jetzt bestimmt lustig...« Perle zwinkerte und stieß Mena aufmunternd mit dem Ellbogen in die Rippen.

Mena seufzte nur ergeben und straffte die Schultern.

»Na, dann lass es uns mal hinter uns bringen«, flüsterte sie mehr zu sich selbst und zog dabei unsicher die Unterlippe zwischen die Zähne. Sie setzte sich in Bewegung und schwang das wackelige Gartentor zum Vorgarten von Frau Behrings Haus auf. Mit forschem Schritt eilte sie auf die Tür zu – wenn sie das jetzt nicht schnell hinter sich brachte, überlegte sie es sich womöglich noch anders.

Ohne Zögern hob sie ihren Finger zur Klingel und ließ das schrille Schellen ertönen. Perle war flugs hinter ihr her gehetzt und schnaufte ein wenig: »Mann, wenn du dir was in den Kopf gesetzt hast, dann bist du echt durch nichts davon abzubringen!«

Ein kleines Lächeln stahl sich in Menas Mundwinkel. *Recht hat sie!*

Doch weiter kam sie mit ihren Gedanken nicht, denn eins der Fenster im ersten Stock wurde mit einem kräftigen Ruck aufgestoßen. Erschrocken wichen die beiden Mädchen ein paar Schritte zurück und reckten ihre Hälse. Wie ein misstrauisches Tier lehnte sich Frau Behring aus ihrer sicheren Höhle. Mena schluckte schwer und brachte ein leises Quietschen hervor, um zu testen, ob ihre Stimme noch funktionierte.

Jedoch war Perle es, die zuerst das Wort ergriff.

»Hallo, Frau Behring! Kennen Sie uns noch?«, rief sie der alten Dame fröhlich entgegen.

Wie unverfroren sie ist!

Frau Behrings Augen wurden schmal und ihr Mund verzog sich zu einer Fratze des Missmutes. Verächtlich schnaubte sie. »Was wollt ihr Langfinger? Ich weiß ganz genau, was ihr getan habt!« Ihre Stimme klang wie rostige Nägel, die in einer Blechdose durch die Gegend geschüttelt wurden.

Menas Herz schlug schmerzhaft gegen ihren Rippenbogen. Obwohl ihr klar gewesen war, dass Frau Behring eins und eins zusammengezählt hatte, hatte in ihr noch ein Funken Hoffnung gelodert, dass die alte Frau sie nicht mit dem Diebstahl in Verbindung gebracht hatte.

Mit versöhnlicher Stimme setze Mena an: »Frau Behring ... wir würden uns gerne bei Ihnen entschuldigen und unsere Tat erklären.«

Sie fing aus den Augenwinkeln einen schockierten Blick ihrer Freundin auf.

Ist Angriff nicht oft die beste Verteidigung?

Also setzte sie ihre Ansprache fort: »Wir hatten uns einfach nicht anders zu helfen gewusst. Es tut uns wahnsinnig leid, dass wir in Ihr Haus eingebrochen sind. Aber da Sie unsere einzige Chance auf eine Befreiung von dem Dämon waren, ging es leider nicht anders.«

Den letzten Satz hatte sie sich nicht verkneifen können. Schließlich nahm sie es der alten Frau immer noch übel, dass sie ihre Geheimnisse nicht mit dem verzweifelten Opfer einer Dämonenattacke hatte teilen wollen.

Frau Behring sog scharf die Luft ein und ihr Blick schien Feuer zu fangen. Mena merkte, wie Perle ein Stück näher an sie heranrückte und sich neben sie stellte.

Mann, bin ich froh, dass Perle bei mir ist. Allein wäre ich nie so weit gegangen.

Mit polternder Stimme schmetterte Frau Behring Mena ihre Antwort entgegen: »Du ungezogenes Gör' glaubst doch wohl selbst nicht, dass eine einfache Entschuldigung da reicht? Ich könnte euch anzeigen. Und hätte gerade auch nicht wenig Lust dazu.«

Da entwich Perle ein lauter Lacher: »Ach ja? Und was sagen Sie dann den netten Polizeibeamten, die fragen, was wir aus Ihrem Haus entwendet haben? Einen Edelstein, in dem man Dämonen einfängt, und eine Seite aus einem Zauberbuch? Sie sind ja nun nicht unbedingt eine stadtbekannte Hexe. Es wird wohl einen Grund haben, warum Sie Ihren Hokuspokus jahrelang lieber für sich behalten haben, oder?«

Frau Behring zischte wie eine giftige Schlange. Sie wusste offensichtlich genau, dass sie vor der Polizei zu viel von ihren übersinnlichen Machenschaften preisgeben müsste.

Mena grinste innerlich, ließ sich aber nichts anmerken. »Wir würden gerne mit Ihnen reden. Würden Sie uns bitte rein lassen?«, versuchte sie es weiter.

»Das ist doch wohl nicht euer Ernst. Euch diebische Elstern lasse ich doch nicht noch mal in mein Haus. Haltet ihr mich für vollkommen senil?« Rote Wut stieg der alten Dame in die Wangen. Mena spannte sich an. *Ich muss das irgendwie hinbekommen...*

»Aber, Frau Behring, wir brauchen wirklich dringend Ihre Hilfe und da wir nun eh schon wissen, was und wer Sie sind, können Sie uns doch einfach helfen und müssen Ihre Gabe nicht vor uns verstecken.«

Die Farbe in Frau Berings Gesicht wechselte nun zu Purpur. »Ihr wisst, was ich bin? Ihr kleinen Kinder habt doch überhaupt keine Ahnung. Schert euch zum Teufel. Ich glaub' es nicht. Verzieht euch von meinem Grundstück! Aber Pronto!« Mit diesen Worten schlug sie kräftig das Fenster zu, sodass das Glas im Rahmen klirrte.

Perle seufzte ausgiebig und legte Mena die Hand auf die Schulter: »Okay ... Vielleicht war das doch nicht die beste Idee hierherzukommen. Sorry! Lass uns lieber verschwinden. Die wird uns sowieso nicht helfen.«

Mena sackte in sich zusammen.

Da bin ich wohl falsch rangegangen. Ich doofe Kuh! Kann ich nicht ein wenig sensibler sein? Dann hätte sie uns vielleicht geholfen. Was sollen wir denn jetzt bloß machen?

Ein dicker Kloß bildete sich in ihrem Hals. Sie schluckte schwer gegen die heraufsteigenden Tränen an. Die Sorge um Ben, die sie die letzten Stunden beiseitegeschoben hatte, schlug ihr wie ein Vorschlaghammer in die Gedärme. Alles krampfte sich zusammen und ein unkontrollierter Schluchzer bahnte sich seinen Weg aus ihrem Mund.

»Oh nein, Liebes. Nicht weinen. Sich jetzt zu sorgen, ist doch nutzlos. Entweder man nimmt die Dinge in die Hand oder eben nicht. Und wir sind Macher. Wir finden einen anderen Weg, das verspreche ich dir«, sagte ihre Freundin sofort beruhigend und schloss sie in den Arm.

Unter der vertrauten Berührung schüttelte Mena ein zweiter Schluchzer, bis sie sich zwang, wieder normal zu atmen.

»Aber was für einen anderen Weg?«, nuschelte sie wenig überzeugt in Perles Schulter.

Diese drückte sie sanft von sich weg und hielt sie an den Schultern fest, um ihr eindringlich in die Augen zu blicken. »Das werden wir zusammen rausfinden. Du schläfst heute Nacht bei mir und dann zerbrechen wir uns den ganzen Abend den Kopf.«

Mena nickte. Es war eine beruhigende Vorstellung, diese Nacht nicht allein verbringen zu müssen. Jetzt musste sie nur hoffen, dass ihre Mutter ihr dies gestattete.

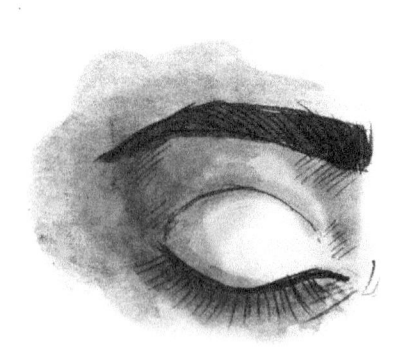

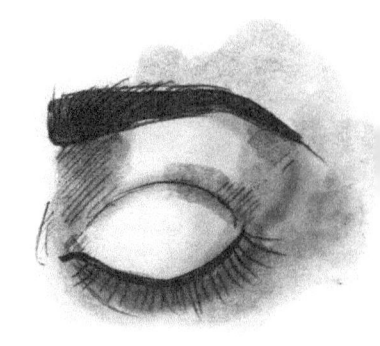

10. Kapitel

Ein fremder Traum

Mena blinzelte. Kurz wusste sie nicht, wo sie war, und sie ließ ihren Blick irritiert über die vereinzelten Umrisse der Gegenstände schweifen. Als sie unter der Decke neben sich eine Erhebung wahrnahm, flatterte es sofort in ihrem Bauch. *Ben!*

Doch so schnell wie der kurze Hoffnungsschimmer gekommen war, verflüchtigte er sich wieder wie zarte Nebelschwaden bei aufgehender Sonne. *Ach ja ... ich übernachte ja bei Perle.*

Sie bemerkte, wie sich ihre Freundin neben ihr unruhig hin und her wälzte. Wahrscheinlich waren es die raschelnden Bettbezüge gewesen, die Mena aus ihrem Halbschlaf gerissen hatten. Sie drehte sich im Dunkeln zu Perle und versuchte, vorsichtig auszumachen, ob diese wach war.

»Perle? Schläfst du?«, flüsterte Mena und musste dabei sofort schmunzeln. Sie wusste, dass Perle es hasste, wenn man ihr diese Frage stellte. Schließlich würde sie nicht antworten, wenn sie wirklich schliefe ... Und tatsächlich antwortete Perle nicht.

Stattdessen gab sie ein leichtes Stöhnen von sich und wälzte sich auf die andere Seite. Es klang so, als ob sie einen nicht besonders schönen Traum hatte.

Mitleidig zog Mena die Augenbrauen zusammen. Nach ihrer Erfahrung vor ein paar Monaten konnte sie Träume nicht mehr gut leiden und fühlte mit ihrer Freundin mit. Wie real einem diese nächtlichen Ausflüge ins Unterbewusstsein doch erscheinen konnten ... Als ob man in eine Filmszene geworfen wurde und eine Rolle zu spielen hat, welche einem vielleicht gar nicht lag.

Behutsam legte sie ihrer Freundin den Arm um die Schulter und versuchte, stillen Beistand zu leisten. Perles Haut war leicht klamm und sie zitterte ein wenig.

Das scheint ein fieser Traum zu sein ...

Mena überlegte kurz, ihre Freundin zu wecken und aus dem Schrecken zu befreien, doch auch sie war nach den Anstrengungen der letzten Tage hundemüde. Sie lehnte beruhigend ihre Stirn an den Rücken der Freundin und schloss die Augen. Ihr Atem wurde langsamer und schwer, und sie spürte, wie auch sie abdriftete ...

Benommen schüttelte Mena den Kopf. Sie hob den Blick und zwinkerte in der Dunkelheit. *Nun bin ich aber nicht mehr in Perles Zimmer ...*

Sie konnte nicht viel erkennen, doch sie lag definitiv nicht in einem Bett. Sie stand in einem Flur ... *oder etwas ähnlichem ...*

Nur ein leichter Lichtschimmer beleuchtete den Boden unter ihren Füßen. Ihr Blick wanderte von rechts nach links und dann nach oben. Erstaunt öffnete sich ihr Mund. Riesige Regale voller Buchrücken erstreckten sich um sie herum.

Wo bin ich? All ihre Sinne schärften sich wie auf Kommando. Die Luft war schwer und roch nach Papier und Holz. Das Klima war trocken, ohne muffig zu sein.

Vorsichtig drehte sich Mena um ihre eigene Achse. Ihre Augen gewöhnten sich immer mehr an das Dunkel und sie erkannte, dass sich hinter ihr eine weitere riesige Regalwand erstreckte, die in eine unglaubliche Höhe ragte.

Eine Bibliothek, schoss es Mena durch den Kopf.

Mit langsamem Schritt trat sie an das Regal heran, streckte ihre Finger aus und fuhr sachte über die einzelnen Einbände der Bücher. Einige waren aus groben Leinen, andere aus Leder und wieder andere fühlten sich fast an wie Samt. Ein wohliger Schauer lief ihr über den Rücken. Sie hatte immer schon das Gefühl gehabt, bei der bloßen Berührung eines Buches seine Geschichte aufzusaugen. Jahrhunderte hatten diese Seiten überlebt, um immer wieder neuen Menschen ihren Inhalt nahezubringen.

Was für ein tolles Gefühl es doch sein musste, als Autor so etwas Beständiges zu erschaffen. Man lebte in seinen eigenen Zeilen weiter und wurde quasi unsterblich. Andächtig überflog Mena mit den Augen die Namen einiger Autoren.

Es sind viele berühmte dabei, begannen ihre Gedanken, auf Wanderschaft zu gehen, bis sie sich plötzlich wieder ihrer Lage bewusst wurde. *Nur ... was tue ich hier?*

Unentschlossen löste Mena ihre Finger wieder von den Romanen und wandte sich zurück zu dem Gang, welcher sich am Anfang vor ihr aufgetan hatte. Wie der Schlund eines Ungeheuers lauerte er vor ihr und lockte sie, ihn zu betreten. Unschlüssig folgte Menas Blick dem steinernen Boden – ein hübsches Fischgrätenmuster aus Backsteinen zeigte wie Pfeile genau in die Richtung, in die sie zu gehen hatte. Seufzend zuckte Mena mit den Schultern. *Was bleibt mir denn anderes übrig?*

Mit vorsichtigen Schritten ging sie in die Dunkelheit hinein.

Schier endlos erstreckten sich die Regale. Auch nach oben befand sich nichts als allumfassende Schwärze. Mena spürte, wie mit jedem Meter mehr Unbehagen ihren Rücken hinaufkroch und ihre

Schritte aus Reflex immer zügiger wurden.

Sie wusste nicht, wie lange sie schon neben den Millionen von Büchern hergelaufen war, als sie in einiger Entfernung einen erstickten Schrei hörte. Ihr gefror das Blut in den Adern und wie in einem Flashback durchlief sie in Sekundenschnelle ihre Verfolgungsjagden mit Vanadis. Abrupt rannte Mena los. Dem Schrei entgegen. Sie hatte das unbestimmte, aber sichere Gefühl, dass es hier nicht um sie ging.

Wessen Schrei war das? Ihre Gedanken überschlugen sich. *Träume ich? Höchstwahrscheinlich! Aber wer ist dann mit mir hier? Ich muss helfen!*

Der Lichteinfall veränderte sich und Mena zügelte schnell ihre Geschwindigkeit. Mit zusammengekniffenen Augen erspähte sie eine Abzweigung. Wie ein ›T‹ teilte sich der Weg zur einen und zur anderen Seite. Oh nein, nach rechts oder nach links? Woher ist der Schrei gekommen?

Als sie die Weggabelung erreichte, hielt Mena kurz inne. Sie lauschte. Doch ihr Herz donnerte wie Hammerschläge in ihren Ohren. Ein unkontrollierter Fluch entwich ihrem Mund und hallte aus der Unendlichkeit der Bibliothek wider. Erschrocken schlug sie die Hand vor den Mund und hielt den Atem an. Auch die Bücher um sie herum schienen nach Luft zu schnappen.

Eine lange Sekunde verstrich, ohne dass sich etwas rührte, bis sich plötzlich ein heller lilafarbener Lichtblitz zu Menas Rechten entlud. Wie von der Tarantel gestochen, setzte sie sich wieder in Bewegung und entschied sich für den rechten Gang.

»Was war das?«, keuchte sie angespannt, während sie kopflos in die Richtung des Lichtes lief. Ihr Blick huschte immer wieder nach oben, um nachzusehen, ob sich weitere Blitze zeigten, doch es blieb dunkel.

Ihre Schritte hallten laut durch die Finsternis und sie hatte das Gefühl, dass der Boden unter ihr wackeln würde. Den Blick immer starr nach vorne gerichtet, geriet sie plötzlich ins Straucheln, und wäre fast in etwas hineingelaufen. Ihre schmerzenden Augen konnten etwas zusammengekauert auf dem Boden erkennen. Scharf bremste sie ab. Ihre Knie protestierten.

Ist das ein Mensch? Zaghaft näherte sie sich dem Häufchen Elend.

»Hallo?«, fragte Mena vorsichtig und mit sanfter Stimme. Sie wollte denjenigen nicht erschrecken oder gar provozieren. Die Person erstarrte und wandte hastig den Kopf in Menas Richtung.

Mena stockte der Atem und sie wollte ihren Augen nicht trauen – vor ihr hockte Perle mit vor Angst aufgerissenen Augen. Einem Beben gleich gab Perle ein erleichtertes Schluchzen von sich.

»Mena! Oh, Gott sei Dank! Was passiert hier bloß?« Dicke Tränen kullerten über Perles sonst so rosige Wangen.

Sofort ging Mena neben ihrer Freundin in die Hocke und zog sie in ihre Arme.

»Ich weiß nicht genau, was hier gerade passiert, aber das Wichtigste ist jetzt erst mal, dass du dich beruhigst«, flüsterte Mena in die Haare ihrer Freundin. »Du brauchst keine Angst haben. Dies hier ist ein Traum. Ich habe das alles schon mal erlebt. Du kannst mir glauben. Eigentlich liegst du zu Hause kuschelig und sicher in deinem Bett. Ich weiß, das ist nicht einfach zu verstehen, aber versuche es dir in deinem Kopf vorzustellen.«

Perle sah ihre Freundin irritiert an. Wie durch einen dicken Wattebausch sickerte die Information in ihr Bewusstsein. Mena konnte zusehen, wie schwer es Perle fiel, diese Neuigkeit mit ihrer Umgebung zusammenzubringen, denn ihr Blick huschte unruhig hin und her.

Mena legte die Hand an Perles Wange und zwang sie so, sich zu konzentrieren.

»Was ist denn passiert?«, fragte sie ganz sanft.

Perle schniefte. Sie blickte zu Mena auf und noch immer glitzerten Tränen in ihren Augen.

»Ich … Ich war plötzlich in dieser Bibliothek … Es war wunderschön! Überall meine liebsten Bücher und Autoren. Ich bin begeistert durch die Gänge gelaufen und habe durch Seiten geblättert, die Illustrationen betrachtet und bin die Gravuren der Cover mit den Fingern langgefahren.« Ihre Stimme war nicht mehr als ein Flüstern, Perle schlug die Augen nieder. »Was dann passiert ist, weiß ich nicht genau … Irgendwie veränderte sich die Luft und das Licht, und auf einmal hatte ich das Gefühl, beobachtet zu werden. Bei jeder Bewegung brannten sich mir Blicke in den Rücken, doch immer, wenn ich mich umdrehte, konnte ich niemanden entdecken. Ich bekam einfach Angst.«

Ihr Blick wanderte wieder zu Menas Augen und ihr Ton wurde energischer: »Als es dann immer dunkler wurde, bin ich losgerannt. Hinter mir huschten Schatten durch die Gänge und ich habe geschrien. Doch als ich mich umsah, konnte ich keinen Verfolger ausmachen, bis ich in einiger Entfernung deinen Fluch hörte und das Ding hinter mir in einem grellen Blitz verschwand. Ich bin der Meinung …« Perle schloss kurz die Augen und atmete tief durch. Sie rieb sich über die Handfläche und murmelte dann etwas leiser, »… ich bin der Meinung, den Umriss eines Fuchses im Licht gesehen zu haben.«

Mena erstarrte. Es fühlte sich an, als hätte ihr jemand den Boden unter den Füßen weggezogen.

Nein, nein, nein – das glaube ich nicht! Verstehe ich das etwa richtig, was Perle da andeutet? Ist sie sauer auf Ben und beschuldigt ihn deshalb? Wahrscheinlich hat sie ihre Angst projiziert und deshalb das Geschöpf gesehen, über das wir seit Tagen reden …

Mena rutschte etwas von Perle weg und stand unbeholfen auf.

Perles Ausdruck wurde panisch: »Ich bin mir aber überhaupt nicht sicher, was ich gesehen habe! Ich meine … ich hatte Angst. Es kann alles gewesen sein!«

Mena schüttelte nur unwirsch mit dem Kopf und schob den Gedanken schnell beiseite. Sie konnte jetzt gerade nicht weiterdenken, als bis zu diesem Moment – der schon absurd genug war.

Ich bin in den Traum meiner Freundin gefallen ... Warum? Das ist die erste Frage, die zu klären ist. Aber zuvor müssen wir hier raus.

Mena hielt ihrer Freundin versöhnlich die Hand entgegen, um ihr auf die Beine zu helfen und diese ergriff sie dankbar.

»Dir wird nicht gefallen, was ich jetzt vorhabe – aber da musst du mir wohl oder übel vertrauen«, sagte Mena mit fester Stimme und zog Perle auf die Füße.

Diese nickte zögernd und sah ihre Freundin abwartend an. Mena trat ohne Umschweife auf eines der Regale zu und hob ihren Fuß auf das unterste Regalbrett.

»Wir müssen bis nach oben klettern und dann springen«, verkündete sie, ohne mit der Wimper zu zucken.

Perles Augen weiteten sich. »Wie bitte? Du bist mir ja eine tolle Retterin! Erst verjagst du die Bösen und dann willst du, dass ich in den Tod springe?«

Ha! Da ist sie wieder – Perles Schlagfertigkeit, die ich so an ihr liebe.

Während sie das Regal erklommen, musste Mena sich ein Grinsen verkneifen. Sie sprach unbeirrt weiter: »Naja, du weißt doch, wie man auf jeden Fall aus einem Traum aufwacht, oder nicht? Man muss fallen ... oder sterben.«

11. Kapitel

Der Morgen danach

Als ihre Freundin endlich die Augen aufschlug, saß Mena schon kerzengerade im Bett. Sie betrachtete Perle abwartend von der Seite und legte den Kopf schief.

Auch Perle rappelte sich auf und trat die Decke weg. Unbehaglich rieb sie sich über die nackten Oberarme und zog die Unterlippe zwischen ihre Zähne. Sie dachte nach, wie sie das Gespräch beginnen sollte, während sie ihre Lippe mit den Zähnen bearbeitete.

»Mena«, setzte sie dann endlich an. »Sag mal ... wie konntest du denn eigentlich in meinem Traum sein?«

Mena seufzte leise. Darüber hatte sie sich auch Gedanken gemacht. Und sie konnte es sich bei bestem Willen nicht erklären. Die einzige Idee, die sie hatte, war, dass sie es schon einmal mit einem Alpdämon zu tun hatte und dadurch in irgendeiner Weise gelernt hatte, die Traumwelten von anderen betreten zu können. Aber diese Erklärung war genauso gut wie jede andere.

Also zuckte Mena nur mutlos mit den Schultern und sagte vorsichtig: »Wie auch immer ich es gemacht habe ... Es war keine Absicht! Und es tut mir wahnsinnig leid, dass ich ungefragt in deine

Privatsphäre eingedrungen bin!«

Mena wusste aus eigener Erfahrung, wie schlimm das Gefühl war, seinen Kopf nicht mehr für sich allein zu haben. Einen größeren Vertrauensbruch zwischen Freundinnen gab es kaum.

Nach dem Aufwachen hatte Mena Angst bekommen, dass Perle sie jetzt ebenfalls als ein in ihrem Kopf herumspukendes Monster sah. Traurig sackte sie in sich zusammen und wartete darauf, dass ihre Freundin vor ihr zurückweichen würde. Schließlich wusste sie aus erster Hand, wie schlimm so ein Albtraum war und wie verletzlich man danach zurückblieb.

Aber stattdessen klatschte Perle Mena mit der flachen Hand auf den Oberschenkel und fing an zu lachen: »Bist du total beknackt? Du entschuldigst dich dafür, dass du mich gerettet hast? Oh Gott, Mena, ich bin so froh, dass du da warst und mich da rausgeholt hast! Wer weiß, was ohne dich passiert wäre.«

Erleichtert lächelte Mena und fuhr sich über ihre müden Augen. Perle beobachtete sie dabei, legte den Kopf schief und ihr Blick wanderte zu ihrer eigenen Hand auf Menas Oberschenkel.

»Mhm ... Mena, meinst du, dass du in meinem Traum warst, könnte damit zu tun haben, dass wir in einem Bett geschlafen haben? Und du dadurch nah an mir dran warst?«

Auch Menas Augen huschten zu den Fingern ihrer Freundin. Sie erinnerte sich dunkel daran, wie sie im Halbschlaf den Arm an Perles Rücken gelegt hatte: »Ja, vielleicht ... Das wäre auf jeden Fall ein Ansatz.«

Perle setzte sich auf und fuhr sich durch ihre wuscheligen pinken Haare. In ihrem Einhorn-Schlafanzug und den wieder rosigen Wangen sah sie entzückend aus.

Doch ihr Blick war ernst: »Und das mit dem Umriss, den ich in dem Licht gesehen hab ... Das muss kein Fuchs gewesen sein. Es war nur halt ungefähr so groß wie einer. Wir sollten da jetzt keine voreiligen Schlüsse daraus ziehen.« Bedeutungsschwer betrachtete sie Mena und zog die Augenbrauen zusammen: »Okay?«

Mena bekam einen Kloß im Hals. *Ja ... Aber trotzdem müssen wir Ben finden.*

Plötzlich wurde Mena durch den schrillen Ton des Weckers aus ihren Überlegungen gerissen. Perle seufzte und hieb mit der flachen Hand auf die Uhr ein: »Tja ... Aber nun ist erstmal Schule angesagt.«

Bevor die beiden Mädchen das Schulgelände betraten, klingelte Menas Handy. Mit flinken Fingern zog sie es aus ihrer mit Nieten verzierten Hosentasche. Sie erkannte den Namen auf dem Display und verdrehte die Augen. Natürlich kam der übliche Kontrollanruf ihrer Mutter. Mit genervtem Tonfall nahm sie das Telefonat an: »Ja?«

»Bist du schon in der Schule?«, ertönte die Stimme ihrer Mutter blechern aus dem Gerät.

Mena hatte ihrer Mutter am Vorabend Bescheid gesagt, dass sie bei Perle schlafen würde, was aber leider mit weniger Wohlwollen aufgenommen worden war, als sie gehofft hatte.

»Ja, wir kommen gerade an und ich muss jetzt auch rein. Ist noch irgendetwas dringendes?«, fragte Mena gereizt. Sie bedeutet ihrer Freundin, schon einmal zum Schulgebäude vorzugehen, da sie die ersten Stunden nicht zusammen hatten. Perle nickte nur verstehend und warf Mena zum Abschied eine Kusshand zu.

»Nein, ich will nur sichergehen, dass du nicht irgendwo schwänzend in einer Einkaufspassage sitzt. Heute kommst du nach der Schule nach Hause, abgemacht? Ich bekomme dich überhaupt nicht mehr zu Gesicht und schließlich bist du immer noch ein Teenager«, nörgelte ihre Mutter aus dem Hörer zurück.

Mena streckte dem Telefon die Zunge raus, sagte dann aber betont ruhig: »Ja, Mama. Bis heute Abend. Tschüss.« Sie schnaubte verächtlich.

Dass Eltern ab einem bestimmten Alter ihrer Kinder immer so schwierig werden müssen!

Unruhig saß Mena im Unterricht ihre Zeit ab. Perle und sie hatten am letzten Abend noch einiges im Internet recherchiert, aber keine konkreten Hinweise auf Alpdämonen und deren Art von Energieversorgung gefunden. Die Tatsache, dass sie an diesem Punkt auf der Stelle traten und hier wertvolle Zeit verschwendeten, nervte Mena.

Als es endlich zur Pause klingelte, sprang sie hastig auf die Füße und lief ohne Umwege zur Cafeteria, in der sie sich mit Perle verabredet hatte. In dem großen Raum war nicht viel los, da sich die meisten ihrer Klassenkameraden erst in der Mittagspause hier einfanden, um etwas zu Essen zu kaufen.

Sofort sah Mena ihre Freundin, mit dem Gesicht in die Hände gestützt, an einem der langen Tische sitzen. Eilig setzte sie ihren Weg zu Perle fort. Als sie die Tafel erreichte, ließ sie sich mit ordentlichem Gepolter auf dem Stuhl ihr gegenüber nieder. Erschrocken hob Perle das Gesicht von ihren Händen und nahm Mena mit aufgerissenen Augen ins Visier.

Was ist denn mit ihr los? Sie ist doch sonst nicht so ein schreckhaftes Huhn.

Mena legte fragend den Kopf schief. »Alles okay bei dir?«

Perle rieb sich mit den Fingern über die Augenlider und schüttelte dabei leicht den Kopf. Sie ließ ihre Hände sinken und blickte Mena wieder an.

Ihre Augen waren glasig und die Stirn in Falten gezogen, als sie leise zu sprechen begann: »Mena ... Ich hatte eben Geschichte und wir haben einen historischen Film geguckt. Wegen der Strapazen der letzten Nacht – und weil er natürlich wahnsinnig langweilig war – bin ich eingenickt, und obwohl das nur ein paar Minuten gewesen sein können, hatte ich wieder so einen Traum. Mit einem Verfolger. Hätte mich Jasmin neben mir nicht angestoßen und mich geweckt, hätte das Ding mich vielleicht bekommen!«

Mena sah, wie ihrer Freundin Tränen in die Augen schossen. Hastig griff sie über den Tisch nach Perles Hand. Sie war ganz klamm und bebte leicht.

»Ich habe Angst«, flüsterte Perle, als sie Menas besorgten Blick sah. »Kannst du heute wieder bei mir schlafen? Wenn wir damit recht haben, dass du nur in meinen Träumen dabei sein kannst, wenn du neben mir liegst, dann möchte ich das unbedingt. Ich steh das allein nicht durch.«

»Aber natürlich! Ich werde alles in meiner Macht Stehende tun, um dich zu beschützen. Das verspreche ich dir.« Mena drückte beruhigend die Hand ihrer Freundin. »Nur musst du heute eher bei mir schlafen. Meine Mutter hat am Telefon vorhin schon rumgezickt, was meine Abwesenheit in der letzten Nacht anging.«

Perle nickte sofort eifrig. Ihr Ton wurde wieder etwas entspannter: »Ja, gar kein Problem. Ich sag sofort meinen Großeltern Bescheid.« Sie zog ihr Handy aus der Tasche und tippte flugs eine Nachricht.

Nach der Schule waren die beiden sofort zur Fabrik gefahren, um zu sehen, ob Ben nicht doch wieder dort aufgetaucht war. Aber leider war der Raum genauso verlassen gewesen wie am Tag zuvor. Traurig hatte Mena sich zum Gehen gewandt und gespürt, wie der letzte kleine Hoffnungsschimmer mit einem lauten Klirren in tausend Stücke zerbarst. Perle hatte auf dem Weg zu Mena angeordnet, einen Umweg zum Tante-Emma-Laden um die Ecke zu machen und einzukaufen.

»Auf leeren Magen lässt sich nicht gut denken«, waren ihre eindringlichen Worte gewesen. Die beiden hatten sich auf Lasagne geeinigt und nun stand Mena an der Küchenzeile und zerhackte geistesabwesend Zwiebeln.

Perle hatte es sich hinter ihr am Küchentisch mit dem Laptop gemütlich gemacht und durchforstete das Internet weiter nach Lösungen für Bens Problem. Seufzend klickte sie sich durch einige Seiten.

»Es gibt da ein paar historische Schriften über den Alpdämon, aber keine enthält ein Wort über seinen Energiebedarf oder Ähnliches«, stellte sie nach einiger Zeit trocken fest. »Und wo Ben jetzt nicht mehr mit uns zusammenarbeitet, wird es wohl auch nicht einfacher. Unsere Idee mit dem Tier, welchem er die Energie entzieht, fällt ja zum Beispiel nun komplett flach.«

Mena hielt kurz in ihrer Bewegung inne. Das mit dem Tier hatte sie total vergessen.

Wut kochte langsam in ihr hoch. Der Funken aus Sorge, der in ihrem Bauch die letzten Tage gewachsen war, entzündete sich jetzt zu einer Flamme des Zorns, die sie brennend heiß durchflutete.

Perle hatte die Veränderung an Menas Haltung sofort bemerkt und setzte schnell zu einer Beschwichtigung an: »Süße, du darfst es auf gar keinen Fall auf dich beziehen! Ben ist bestimmt nicht freiwillig weg. Es muss irgendetwas passiert sein, von dem wir nichts wissen. Er liebt dich und du liebst ihn und ich bin mir sicher, dass eure Liebe dieses Schlamassel überstehen wird.«

Mena hackte wie wild auf die Zwiebeln ein. Sie konnte mit der Wut gerade besser umgehen als mit der alles zermürbenden Ungewissheit.

»Ja«, brachte sie nur zwischen zusammengebissenen Zähnen hervor.

Nach den Zwiebeln nahm sie sich den Knoblauch vor. Perle hatte gemerkt, dass Mena nicht darüber reden wollte, und sich wieder dem Laptop zugewandt. Nach einigen weiteren Klicks hielt sie plötzlich inne. Mena wartete kurz ab, bevor sie sich von ihrer Arbeit abwandte und sich zu ihrer Freundin umdrehte. Diese starrte auf den Bildschirm und dann zu Mena.

»Hast du etwa was gefunden?«, fragte Mena aufgeregt.

Langsam schüttelte Perle den Kopf. »Nein, nicht direkt. Aber ich bin gerade auf einer Seite gelandet, wo sie so Zauberfirlefanz verkaufen wie Energiesteine und Diamanten.« Ihre Augen weiteten sich und Mena konnte regelrecht sehen, wie sich eine Idee im Kopf ihrer Freundin formte. »Du hast doch den Edelstein noch, in den ihr Vanadis gesperrt habt, oder?«, kam es dann atemlos über ihre Lippen.

Mena sog bei dem Gedanken an den Stein scharf die Luft ein.

An dem Tag, als sie Vanadis eingesperrt hatten, hatte sie den Stein abends in ihrer Hosentasche gefunden. Wie vom Blitz getroffen hatte sie ihn sofort auf ihren flauschigen Teppich fallen lassen. Ben und sie hatten in gebührendem Abstand um den Opal herumgestanden und ihn betrachtet.

»Was machen wir nun mit ihm?«, hatte Mena leise geflüstert. Ben war wie ein Raubtier um das Gefängnis seines Vaters getigert und hatte sich am Kopf gekratzt. »Am besten vergraben wir ihn, oder? Bevor ihn jemand anderes in die Hände bekommt und Unfug damit anfängt.«

Mena hatte kurz überlegt, ihrem Freund dann aber schnell zugestimmt. Die beiden hatten eine alte, blecherne Kaffeedose von ihrer Mutter stibitzt und den Stein darin zusammen mit Wattebäuschen stoßsicher verpackt.

Mit einer Schaufel waren sie in den Garten hinter Menas Haus getreten und hatten sich unbehaglich umgesehen. Als sie das Gefühl hatten, nicht beobachtet zu werden, waren sie hinter ein paar

Rhododendronbüschen verschwunden und hatten ein kleines Loch gegraben.

Als die Dose hineingepasst und sie wieder Erde darauf geschaufelt hatten, hatte es sich angefühlt, als würde ihnen eine große Last von den Schultern genommen werden. Mena hatte aufgeatmet und Ben erleichtert angesehen. Auch dieser hatte gelächelt und gesagt: »Nun kann er bis an sein Ende bei den Würmern schlafen.«

»Den Stein *zu haben,* ist übertrieben, aber ich weiß, wo er ist«, setzte Mena zögerlich an. »Aber was hast du mit ihm vor?«

Ein verschlagenes Grinsen stahl sich auf Perles Gesicht. »Ich bin mir sicher, dass ein gefangener Dämon Frau Behring so einige Informationen wert wäre.«

Mena starrte ihre Freundin fassungslos an. »Du willst der alten Hexe den Stein mit Vanadis geben? Die könnte damit alles anfangen! Ihn befreien, ihn klonen ... Keine Ahnung, was Hexen noch alles so mit einem gefangenen Zauberwesen anfangen können.«

Das Grinsen wich aus Perle Gesicht und sie zog zweifelnd die Augenbrauen zusammen. »Ja gut, damit könntest du recht haben, aber ehrlich gesagt, halte ich sie eher für eine Dämonenfeindin, oder? Ich meine, sie hat ein Buch, mit dem man Dämonen fangen kann ...«

Menas Gedanken rasten.

Kann ich das wirklich verantworten? Vielleicht befreit sie ihn und hat im Austausch keinerlei sinnvolle Informationen für unser Problem. Das Risiko ist zu groß.

»Lass uns bitte noch ein wenig weiter über andere Lösungen nachdenken. Bei dem Gedanken, Vanadis jemand Fremden zu überlassen, ist mir echt nicht wohl.«

12. Kapitel

Das neue Schattenwesen

Als Menas Mutter spät von der Arbeit nach Hause kam und Perle in einen von Menas Schlafanzügen antraf, stutzte sie irritiert: »Oh Perle! Mit dir habe ich heute überhaupt nicht gerechnet, mit Ben vielleicht …«

Bei dieser Bemerkung versteiften sich Menas Glieder. Oh Gott, sie hatte überhaupt nicht darüber nachgedacht, wie sie ihrer Mutter erklären sollte, dass Ben, der in der letzten Zeit fast jeden Tag bei ihr geschlafen hatte, erstmal nicht mehr hierherkam.

Perle schaltete etwas schneller und sagte mit einem verschwörerischen Ton zu Menas Mutter: »Ach, Sie wissen doch, wie das mit der jungen Liebe ist. Drama bleibt da nicht aus und da sich Ben und Mena gerade etwas auf den Keks gehen, bin ich hier, um meiner Freundin beizustehen und ihr zu versichern, dass sie im Recht ist.«

Spielerisch verdrehte sie die Augen und Menas Mutter lachte laut auf. »Ach ja, die Jugendliebe. Meine war auch nicht die einfachste.«

Mena kniff verärgert die Lippen zusammen.

Na toll, jetzt habe ich nicht nur einen Dämonenfreund, sondern auch imaginären Streit mit ihm?

Sie wusste, dass ihre Freundin sie mit dieser Ausrede vor vielen weiteren Fragen bewahrt hatte, aber so ausgesprochen fühlte sich ihre Situation mit Ben wirklich mehr nach einer Auseinandersetzung an.

Perle hatte schon oft bei Mena geschlafen und so hatten die beiden einen eingespielten Abendablauf. Sie putzen zusammen Zähne und ließen sich dann mit ihren jeweils aktuellen Büchern in Menas Kissen sinken. Nach einiger Zeit des Lesens wurden beiden die Augen schwer und Mena knipste das Licht aus.

»Perle, ich habe vorhin nochmal ein wenig darüber nachgedacht, wie ich es vielleicht geschafft habe, in deinen Traum hineinzukommen. Ich hatte dir gestern Nacht beruhigend den Arm um die Schulter gelegt, als du deinen Albtraum hattest. Ich könnte mir vorstellen, dass es mit der Berührung zusammenhing.«

Perle kicherte in ihr Kissen. »Verstehe. Du, tu dir keinen Zwang an, ich kuschele ja sehr gerne.«

Mena konnte, obwohl es dunkel war, ein freches Grinsen in Perles Mundwinkeln erkennen und auch sie musste lächeln. Ihre Freundin drehte ihr den Rücken zu und Mena legte ihr die Hand zwischen die Schulterblätter. Wärme durchflutet sie und sie merkte, wie die Müdigkeit in ihre Glieder schoss. Sie vergrub ihre Nase an Perles Rücken und atmete tief ein und aus.

Ich vermisse Ben so sehr...

Sie konnte es nicht verhindern, dass ihre Gedanken zu ihm wanderten, während sie langsam einschlief.

Vor Kurzem hatte sie ihn im Vorgarten sitzen sehen, als sie von der Schule nach Hause gekommen war. Mit geschlossenen Augen hatte er auf ihrer Akustikgitarre gespielt – mit der Sonne im Gesicht. Sie hatte innegehalten, um ihn eingehend zu betrachten. Seine zerzausten Haare hatten leicht im Wind geweht und sein Kopf hatte sich sachte zu den Tönen bewegt. Zärtlich waren seine Finger über die Saiten der Gitarre geflogen, dass sie fast schon ein wenig neidisch auf das Instrument gewesen war.

Als er sie bemerkt und gegen das Licht angeblinzelt hatte, hatte er in seinem Spiel gestoppt und gelächelt: »Ich glaube, ich habe eine Melodie gefunden, die dich gut beschreibt.«

Mena hatte sich vor ihm auf den Rasen fallen lassen. »Na dann, lass mal hören, du kleiner Beethoven.« Andächtig hatte sie den zarten Tönen gelauscht. An einigen Stellen waren sie melancholisch gewesen, an anderen beschwingt und leicht wie eine Feder, die vom Wind getragen wurde. Mena hatte gegrinst. *So sieht er mich?*

Die Intensität des Songs hatte mit der Zeit zugenommen und Mena hatte gespürt, wie Ben all seine Emotionen in diesem wundervollen Stück verarbeitet hatte – und das hatte ihr Herz zum Sprudeln gebracht. Als er geendet hatte, hatte er sie nur schief angesehen und vorsichtig gefragt: »Und? Gefällt's dir?«

Mena hatte sich als Antwort zu ihm nach oben gestreckt und ihre Arme um seinen Hals geschlungen. »So etwas Wunderschönes habe ich noch nie gehört. Und du kannst mir glauben, ich habe schon einiges gehört.«

Ein Grinsen war auf sein Gesicht getreten und er hatte seine Nase gegen ihre gestupst. »Du kleiner Schleimer!«

Mena strauchelte, um nicht umzufallen. Rötliches Dämmerlicht schien ihr von einem Sonnenuntergang entgegen. Sie blinzelte verwundert gegen die warmen Strahlen an.

Wo bin ich denn jetzt schon wieder gelandet?

Irritiert ließ sie ihren Blick schweifen. Sie war auf einem Jahrmarkt.

Um sie herum waren überall Karussells, Buden und sogar ein Riesenrad konnte sie in einiger Entfernung ausmachen. Als ihr Blick zurück zur Sonne schnellte, die gerade wie ein roter Feuerball in einer glänzenden Wasseroberfläche versank, wusste sie sofort, wo sie war.

Früher war sie öfter mit ihrer Mutter hier gewesen – die nächste große Stadt lag in einem See und hatte auf einem Pier einen feststehenden Jahrmarkt installiert. Mena hatte das Konzept schon immer super gefunden – einmal Eintritt bezahlen und den ganzen Tag alle Karussells fahren, bis der Park schloss.

Nur warum bin ich hier allein? Wo sind die ganzen Familien und Kinder?

Ihr Blick blieb an einer Uhr, die an einer kleinen Bude festgemacht war, hängen. Die Zeiger standen schon auf 18:20 Uhr ...

Ah! Darum ist hier keiner.

Mena wusste von früher, dass der Park um 18:00 Uhr schloss. Sie hatte immer gequengelt und sich an die Arme ihrer Mutter gehängt, um länger bleiben zu dürfen. Diese hatte jedoch entschuldigend mit den Schultern gezuckt und ihrem kleinen Mädchen die bösen Aufpasser gezeigt, die die Leute nach 18:00 Uhr aus dem Park gewiesen hatten.

Zögernd setzte sich Mena in Bewegung. Sie schlenderte durch die verschieden großen Bretterbuden und Karussells und genoss es schon fast, in Erinnerungen zu schwelgen.

Was für eine schöne Zeit das damals war. Vielleicht sollte ich mal wieder vorschlagen, so einen Mutter-Tochter-Ausflug zu machen.

Die Sonne versank immer schneller hinter dem glitzernden See und bald zeugte nur noch ein rosa Streifen am Horizont von ihrer fernen Anwesenheit. Der Wind frischte etwas auf und Mena merkte, dass sich eine Gänsehaut über ihre nackten Arme zog.

Sie beschleunigte ihre Schritte, um sich warm zu halten, und bog um eine weitere Bude. Es war eine, in der man Dosenwerfen und jauchzenden Kindern beim Gewinnen zusehen konnte. Die bunt angemalten Holzlatten wirkten in dem schwindenden Licht nicht mehr so fröhlich und auch die aufgemalten Clowns und Gewichthebefiguren verloren ihre Schönheit. Vor Mena tat sich der etwas größere Platz vor dem Riesenrad auf und sie blieb plötzlich wie angewurzelt stehen. In einiger Entfernung sah sie eine Silhouette, die aufgeregt von einem Fahrgeschäft zum nächsten huschte. Mena kniff die Augen gegen die beginnende Dunkelheit zusammen, um besser zu sehen.

Es ist ein Mädchen ... An den bekannten Bewegungen und abstehenden Haaren konnte Mena schnell feststellen, dass es nicht irgendein Mädchen war, sondern Perle.

Wie dickflüssiger Honig sickerte die Erkenntnis in ihr Gehirn, dass sie es ja geplant hatte, in Perles Traum zu erscheinen. In Mena zog sich bei diesem Gedanken alles zusammen.

Ich will sie vor dem Alp retten. Möglicherweise vor Ben ... Ich kann ihn mir nicht als einen seelenraubenden Dämon vorstellen. Und ich will es gar nicht! Nur weil sie denkt, die Umrisse eines Fuchses gesehen zu haben, heißt das noch lange nichts. Ich brauche mehr Informationen.

Sie befand sich in einem inneren Zwiespalt. Sollte sie sofort zu ihrer Freundin stürmen und diese aufwecken, oder lieber ein wenig warten und schauen, ob Perle recht hatte mit ihrer Vermutung, dass Ben hier auftauchen würde?

Menas Bauch verkrampfte sich.

Ist das egoistisch? Ich lasse meine Freundin leiden, obwohl ich ihr versprochen habe, sie zu beschützen ... Aber nur so kann ich mehr herausfinden. Sie wird es verstehen! Oder?

Trotz ihrer Bedenken ging Mena zwei Schritte zurück in den Schatten der Bude, um Perle nicht auf sich aufmerksam zu machen. Weitere Zeit, um über ihre Entscheidung nachzudenken, hatte sie nicht, denn Perle setzte sich hastig in Bewegung und lief in einen Gang, der von dem Platz wegführte.

Mena spürte, was ihre Freundin dazu gebracht hatte, Reißaus zu nehmen, denn ein bedrückendes Gefühl breitete sich im ganzen Park aus. Es wurde dunkler und kälter und Mena erinnerte sich sofort an ihre Träume mit Vanadis.

So hat es sich damals auch angefühlt.

Ohne zu Zögern schlich sie ihrer Freundin hinterher. In gebührendem Abstand behielt sie sie im Auge. Mena konnte deutlich sehen, wie Perle in Panik geriet und sie immer zappeliger wurde. Mit schnellen Schritten huschte die Freundin an einem Spiegelkabinett vorbei und, als sich ihre eigene Reflexion in den Gläsern brach, entwich ein leiser Schrei ihrer Kehle. Der Albtraum hatte schon längst die Macht über sie gewonnen.

Menas Herz verkrampfte sich schmerzhaft. Sie wollte ihre Freundin nicht so sehen, doch wollte sie auch Gewissheit über Ben haben. Als Perle wie angewurzelt vor einem Karussell mit schönen geschnitzten Holzpferden stehen blieb, versteckte sich Mena hinter einer nahen Spielbude. Sie konnte beobachten, wie das Innere des Karussells immer schwärzer wurde und dunkle Rauchschwaden zwischen den Pferden hervorsickerten. Durch die Dunkelheit erschienen die Figuren wie direkt aus der Hölle entsprungen. Mena schauderte und konnte die Angst ihrer Freundin förmlich auf der Zunge schmecken, während sie beobachtete, wie Perles Körper sich versteifte und ihre Muskeln zu zucken begannen. Der Alp hatte sie schon im Griff!

Mena krallte ihre Finger in die Oberschenkel. *Wie lange kann ich es noch vertreten, zu warten und meine Freundin als Köder zu benutzen?*

Aus dem Dunkel hinter den Pferden formte sich eine Gestalt. Ein schwarzes Schattenwesen schwebte auf Perle zu. Menas Atem stockte. Genau wie bei Vanadis hatte auch dieses Wesen nur schwarze Löcher statt Augen und die Mundhöhle schien ein endloser dunkler

Schlund zu sein. Perle riss den Mund auf, doch keinen Ton kam über ihre Lippen.

Ist er das? Ich kann Ben in diesem Wesen nicht erkennen! Ich muss Perle aufwecken. Sonst wird es zu spät für ihren Verstand sein ...

Verzweifelt glitt ihr Blick umher. *Was kann ich tun, um den Alp aufzuhalten?*

Ihre Finger krallten sich in den Bretterverschlag der Bude neben ihr und ihr Blick huschte zu dem offenen Spielaufbau – es war ein Schießstand. Einer, bei dem mit Gewehren voller Platzpatronen auf Karten mit kleinen Herzchen geschossen wurde, um Teddybären zu gewinnen. Ihre Gedanken rasten und sie wusste endlich, was sie zu tun hatte. Schon bei ihren eigenen Albträumen hatte sie schnell festgestellt, dass sie die Traumwelt verändern konnte. Dies hier war auch ein Traum. Also mussten ihre Fähigkeiten doch auch jetzt funktionieren.

Ohne weiter darüber nachzudenken, schnappte sie sich eines der Gewehre und sprach leise auf das Metall in ihrer Hand ein: »So, du billige Büchse, du wirst mir jetzt helfen, meine Freundin zu befreien und zwar in dem du nicht mit Platzpatronen schießt, sondern mit tödlichen, echten Kugeln! Verstanden?«

Menas Blick schnellte zurück zu der schrecklichen Szene, in der ihrer Freundin gerade der Quell des Phantasmas ausgesogen wurde, und ohne weitere Umschweife setzte sie das Gewehr an. Sie zielte auf Perles Kopf und schoss.

Wahrscheinlich war es die Traummagie, denn tatsächlich riss schon der erste Schuss Perles Kopf zur Seite und sie sackte in sich zusammen. Innerhalb von Sekunden löste sich ihr Körper auf – sie wachte auf!

Mena hielt wie vom Donner gerührt den Atem an und vernahm den gellenden Schrei des Alps. Der Kopf des Schattenwesens schnellte in die Richtung, aus welcher der Schuss gekommen war.

Oh Mist, er darf mich nicht sehen. Dann war alles umsonst. Ich muss ihm folgen und herausfinden, ob das Wesen Ben ist.

Wütend schwebte der Dämon nun mit seiner schwarzen Schattenwolke auf Menas Versteck zu. Angestrengt kniff sie die Augen zusammen. Sie musste unsichtbar werden!

Bitte Traummagie, lass mich jetzt nicht im Stich. Unsichtbar sein. Jetzt!

Sie öffnete die Lider wieder und starrte direkt in die tiefen Augenhöhlen des Monsters. Die grauen Nebelschwaden seines Körpers streiften Menas Haut, sie spürte den Sog, der von dem Schattenwesen ausging. Sie wagte nicht zu atmen und verbat jedem ihrer Muskeln zu zucken. Der Alp verharrte, ohne sie zu sehen – schien sie aber zu wittern.

Einundzwanzig, zweiundzwanzig…

Qualvoll gab schon ihr Körper den Befehl einzuatmen, als sich der Alp endlich abwandte. Er setzte sich zügig auf seinen Rauchschwaden in Bewegung und Mena erwachte aus ihrer Starre. *Jetzt aber schnell.*

Auf leisen Sohlen hastete sie von Bude zu Bude und erkannte, dass der Alp auf den Ausgang des Parks zusteuerte. Das riesige bunte Tor erhob sich schon bald vor ihnen und Mena sah, dass sich mit einem Flackern der Luft eine andere Welt dahinter öffnete. *Ein Portal!*

Hinter der letzten Möglichkeit, sich zu verstecken, hielt Mena inne und sah zu, wie der Alp flink durch das Tor in die andere Welt schwebte.

Wenn sie über den großen Platz vor dem Tor rannte, würde er sie hundertprozentig entdecken. Ein Cocktail aus Gefühlen kam in ihr auf: Verzweiflung, Wut, Angst – die Gefühle übermannten sie. *Ich muss ihm hinterher. Sofort!* Auf einmal spürte sie, wie ihr Körper sich veränderte. Sie schrumpfte und ihre Gestalt wandelte sich um. Alarmiert blickte sie an sich hinunter und entdeckte Federn. Als sie voller Panik ihre Hand hob, verschlug es ihr den Atem. *Ich habe Flügel!*

Ihr verändertes Blickfeld huschte wieder zu dem Tor und sie sah, wie die Welt dahinter begann, sich wieder aufzulösen.

Ohne lange zu überlegen, erhob sie sich in die Lüfte und raste wie ein schwarzer Pfeil durch die Mitte des Portals.

Als Menas kleiner fliegender Körper durch die Barrieren in die andere Welt glitt, spürte sie ein leichtes Kribbeln, welches sich durch ihre Glieder zog. Sie schüttelte kurz ihren Kopf, um die aufsteigende Benommenheit abzuschütteln.

Aufmerksam betrachtete sie mit ihren scharfen Vogelaugen die neue Umgebung – dunkellilafarbene Wolkenschwaden zogen sich über einen roten Himmel. Der Boden der Steppe, die sich vor ihr erstreckte, schien aus Lavastein oder ähnlichem schwarzen Material zu sein und erst in einiger Ferne erhoben sich dunkle Baumstämme in den Himmel. Die Vegetation wirkte wie nach einem Vulkanausbruch.

Mena flog ein Stück weiter nach oben in den Himmel, um eine bessere Übersicht über diese fremde Landschaft zu gewinnen. Dann entdeckte sie den Alp – immer noch in seiner Schattenfigur glitt er auf die Baumreihe am Horizont zu.

Ich darf es nicht verpassen, wenn er sich verwandelt.

Mena schlug sachte mit den Flügeln und bewegte sich daraufhin in einem Affenzahn durch die Lüfte.

Wäre die Situation nicht gewesen, wie sie war, hätte ihr das Fliegen Spaß gemacht. Doch jetzt bremste sie ihre Geschwindigkeit vorsichtig ab, weil sie einige Meter über dem Schattenwesen angekommen war. Sie hielt sich direkt über dem Kopf des Alps, um ihn im Auge behalten zu können. Er bewegte sich flink, doch ohne Hast – er hatte nicht bemerkt, dass er verfolgt wurde.

Vor Menas Vogelaugen kamen die Baumstämme immer näher und wuchsen wie schwarze Giganten in den bordeauxroten Himmel. Schnell glitt ihr Blick über den Boden zwischen den Bäumen. Sie wusste nicht genau, was sie erwartete, doch sie hielt Ausschau nach einer Art Haus oder zumindest einer Höhle. Sie konnte aber beim besten Willen nichts Derartiges ausmachen. *Wo will er bloß hin?*

Es dauerte keine zwei Flügelschläge, da stellte sie irritiert fest, dass das Schattenwesen unter ihr langsamer wurde. Mena reagierte schnell und ließ sich etwas tiefer sinken. Sie waren in den Wald eingedrungen und unter den Baumwipfeln entdeckte sie auf einmal das Ziel des Dämons. Ein unglaublich großer schwarzer Baum mit riesigen Wurzeln kam in ihr Blickfeld. Unter den knorrigen Wurzelenden sickerte pinkes Licht hervor und ließ diese wie Tentakel erscheinen. Mena ahnte sofort, dass sich unter den ganzen Holztrieben Höhlen erstreckten und dass die Helligkeit von einer unbekannten Energiequelle kam.

Der Alp hielt vor dem Baum an und donnerte mit seiner tiefen Stimme: »Ich bin zurück.«

Mena strauchelte. *Mit wem redet er?*

Geräuschlos landete sie auf einem kleinen Ast hoch über der Szene. Es dauerte keine zwei Sekunden und das pinke Licht, das aus den Wurzeln nach außen drang, flackerte und deutete Bewegungen an. Menas Herzschlag wummerte in ihrem Bauch.

Was hat das bloß zu bedeuten? Wer oder was kommt da?

Die Schatten zogen sich lang, als sich das erste Wesen aus den Höhlen hinausschob. Mena traute ihren Augen nicht. Es war eine schwarze schlanke Katze mit spitzen Ohren. Auf Samtpfoten schlich sie auf den Alp zu und legte interessiert den Kopf schief. Hinter der Katze sah Mena eine majestätische Eule – einen Uhu – aus dem Schatten treten. Doch die Unruhe des Lichtes brach nicht ab.

Wie viele Tiere kommen denn da noch?

Nach der Eule erkannte Mena ein kleines Tier. Es flatterte wild mit schwarzen ledrigen Flügeln.

Eine Fledermaus?

Von ihrer Position so weit oben konnte Mena das Wesen nicht genau erkennen. Den stattlichen Falken jedoch, der nach dem flatternden Etwas ins Freie trat, war von seiner Statur her auf keinen Fall zu übersehen. Die vier Tiere versammelten sich im Halbkreis um das immer noch wabernde Schattenwesen. Die Katze reckte anmutig den Hals und sagte mit leiser, aber bestimmter Stimme: »Du hast sie wieder nicht bekommen.«

Ein wütender Laut entwich dem Alp und Mena konnte erkennen, wie blitzschnell Schattenfetzen von seinem Leib flogen.

Er verwandelt sich!

Der Körper schrumpfte und schwarzes Fell kam zum Vorschein. Mena keuchte.

Als alle Schattenfetzen von ihm gestoben waren, blieb nur der Umriss eines schwarzen Fuchses zurück. »Ja, ich habe sie wieder nicht bekommen«, zischte der Fuchs der Katze entgegen. »Aber es ist nur eine Frage der Zeit. Ich war so kurz davor.«

Der Uhu schüttelte leicht seinen Kopf. »Du bist Anfänger. Es wird noch viele Nächte dauern, bis du das Mädchen zur Strecke bringst. Nur weil du deinem Vater jahrelang zugeguckt hast, macht das noch lange keinen guten Alp aus dir.«

Ein leises Knurren entglitt dem Fuchs. »Ich bin ein guter Dämon! Und das werde ich euch so schnell wie möglich beweisen.«

Mena spürte, wie ein Schluchzer ihrer Kehle entweichen wollte. Sie schluckte hart dagegen an.

Ist das wirklich Ben? Warum will er ein guter Dämon sein? Was ist bloß mit ihm passiert? Ich muss mit ihm sprechen.

Menas kleines Vogelherz raste, als sie sich bereitmachte, von ihrem Ast in die Tiefe zu stürzen. Sie spürte schon den Wind unter ihren Flügeln, als sie plötzlich ein komisches Kribbeln ergriff und die Welt um sie herum zu schwanken schien. Sie zwinkerte angestrengt.

Was zum Teufel ...?

Ein wirbelnder Sog entstand und Schwärze umfing sie.

13. Kapitel

Die Welt des Rudels

Menas Augen flatterten. Sie wehrte sich gegen das Gefühl des Aufwachens.

Ich darf jetzt noch nicht weg von diesem Ort! Ich muss mehr erfahren – mit Ben reden!

»Mena.« Von weit entfernt sickerte eine dünne Stimme in Menas Bewusstsein, hinter ihren Augenlidern wurde es schlagartig hell und sie blinzelte irritiert. Als sie ihre Augen aufschlug, erblickte sie Perle, die verzweifelt an ihren Schultern rüttelte.

»Mena, oh Gott sei Dank. Ich dachte, du wachst überhaupt nicht mehr auf. Ich versuche schon seit zehn Minuten, dich wach zu kriegen.«

Noch etwas benommen, schüttelte Mena den Kopf. Sie war zurück in ihrem Zimmer, in ihrem Bett. So viele Male hatte sie sich gewünscht, aus einem Traum aufzuwachen, aber gerade hätte sie Perle am liebsten angeschrien, weil sie sie aus dieser alles verändernden Situation gerissen hatte. Doch dann entdeckte sie die verquollenen Augen und die rote Nase ihrer Freundin.

Perle zog ungeniert den Rotz hoch und ließ von Mena ab: »Mena

… Mein Traum … Es war so schrecklich! Und ich wusste nicht, wo du warst. Ich dachte, dir ist was passiert, dass der Alp dich erwischt hat. Er war so kurz davor, mir meine Seele zu rauben. Ich konnte es spüren. Ich dachte, mein Verstand würde in Flammen aufgehen.«

Ein stechender Schmerz schoss Mena durch den ganzen Körper. Sie hatte ihre Freundin leiden lassen und das, ohne mit der Wimper zu zucken.

Schniefend sah Perle ihr in die Augen: »Was ist denn bloß passiert? Ich habe einen lauten Knall gehört und gemerkt, wie mich etwas am Kopf getroffen hat. Danach bin ich aufgewacht.«

Ein dicker Knoten bildete sich in Menas Bauch. Sie musste es ihrer Freundin sagen, sonst würde sie das schlechte Gewissen mit Sicherheit auffressen. Traurig schlug sie die Augen nieder und knirschte verbittert mit den Zähnen. Als ihr Blick wieder den fragenden von Perle traf, spie sie die Wahrheit aus. Schnell, so wie man ein Pflaster abzog, damit der Schmerz bald endet.

»Perle, ich … Ich war da und ich habe auch gesehen, was er mit dir gemacht hat. Dass er schon dabei war, dir den Quell des Phantasmas zu stehlen.« Der Blick ihrer Freundin wurde skeptisch. »Ich hätte dich da schon viel früher rausholen können und auch sollen. Es tut mir wahnsinnig leid. Ich wollte einfach sichergehen, ob es wirklich Ben ist, der dich verfolgt. Als ich gemerkt hab, dass ich ihn in seiner Schattengestalt nicht erkennen kann, habe ich sofort gehandelt und dich im Traum erschossen, um dich aufwachen zu lassen.«

Nun zog Perle die Augenbrauen wütend zusammen und funkelte Mena entgegen: »Dann hast du also gesehen, wie ich leide und mich trotzdem weiter als Köder benutzt? Mensch, Mena. Du solltest doch am besten wissen, wie schmerzhaft der Sog des Alps ist! Jede Millisekunde mehr war eine zu viel.«

Mena war mit jedem scharfen Wort ihrer Freundin kleiner geworden und in die dicken Kissen des Bettes zurückgesunken. In ihrem Rachen brannte es, als ob sie eine Handvoll Chilischoten in sich hineingestopft hätte. Zerknirscht setzte sie zu weiteren Erklärungen an: »Ich weiß, ich bin eine schlechte Freundin! Ich schäme mich wahnsinnig!«

Perles Wangen waren vor Empörung gerötet und sie stürzte die Hände in die Hüften. »Und deinen Beweis hast du trotzdem nicht oder wie ist das? Ich glaub es nicht, dass ich umsonst fast meine Seele verloren hätte.«

Mena zögerte kurz. Ihre Freundin bemerkte es sofort und stutzte: »Oder hast du doch etwas rausgefunden?«

Mena kratzte sich am Kopf. »Ja, ich habe noch etwas in der Traumwelt sehen können. Soll ich es dir wirklich erzählen? Oder belassen wir es dabei, dass ich dir eine schreckliche Beschützerin war?«

Perle rollte entnervt mit den Augen und pikste Mena mit dem Finger auf die Nase. »*Grrr*, du bist echt blöd. Klar, werde ich daran noch ein bisschen zu knabbern haben, dass du mich wie einen Wurm am Haken hast zappeln lassen, aber wage es ja nicht, mir nun Informationen vorzuenthalten! Es ist schließlich irgendwie mein Verdienst, dass du überhaupt irgendwas rausfinden konntest. Also spuck schon aus, was du gesehen hast, du Judas.«

Ein kleines Schmunzeln stahl sich bei dieser Pseudobeleidigung ihrer Freundin in Menas Mundwinkel und das verknotete Etwas in ihrer Brust löste sich ein wenig. Sie begann also, ihrer Freundin zu erzählen, was nach ihrem Erwachen alles vorgefallen war.

Perle folgte Menas Ausführungen mit großen Augen. »Und was willst du jetzt tun, wo du weißt, dass der Alp tatsächlich Ben ist? Vor allem verstehe ich die Rolle der anderen Tiere überhaupt nicht.«

Ja, das kann ich definitiv nachfühlen.

»Ich weiß auch nicht genau, was das zu bedeuten hat. Mir macht am meisten Angst, wie Ben geredet und sich verhalten hat – wie ein komplett anderer Mensch.«

Perle tippte sich nachdenklich ans Kinn. »Naja, wir müssen ja nicht gleich den Teufel an die Wand malen. Vielleicht hat er einfach durch seine Unterversorgung an Phantasma-Energie eine ähnlich multiple Persönlichkeit entwickelt wie ich, wenn ich hungrig bin.«

Die beiden Mädchen grinsten sich schief an.

»Ja, du wirst wirklich zum Grinch, wenn du Hunger hast«, sagte Mena und erinnerte sich an den Tag, an dem Perle einmal ihr Pausenbrot zu Hause vergessen und den ganzen Schulvormittag ohne Essen verbracht hatte. Es hatte Mena gewundert, dass ihre Freundin nicht mit Tischen und Stühlen um sich geworfen hatte, so grantig war Perle durch den Hunger geworden. Ein richtiges kleines Monster.

»Gut, gut, aber auch wenn wir den Hunger als Ursache für Bens Betragen nehmen, sind wir am gleichen Punkt wie gestern – wie ernähren wir ihn, damit er wieder normal wird?« Frustriert warf Mena die Arme in die Luft.

Mitleidig zuckte Perle mit den Schultern. »Meine Lösung, Frau Behring den Stein mit Vanadis im Austausch für Informationen zu bieten, hast du ja ziemlich schnell verworfen.«

Mena schob schmollend die Unterlippe vor.

Perle hat recht, dass das Wissen der Hexe eine realistische Chance ist. Aber ist das Risiko nicht zu hoch, dass die alte Frau mit dem gefangenen Dämon mehr Schaden anrichtet, als bis jetzt schon geschehen ist?

Perle konnte ihrer Freundin ansehen, dass der Gedanke heute mehr Anklang fand als am Tag zuvor, und argumentierte noch ein wenig weiter: »Ich meine, wir könnten auch noch tagelang weiter überlegen und recherchieren, wie wir einen Dämon mit Energie versorgen, aber dann wundere dich nicht, wenn sich dein lieber Ben eines Nachts mit meiner Energie selbst versorgt und ich dann als leere Hülle keine tolle Hilfe mehr für dich bin.«

Perles Ton war bei den letzten Sätzen ein wenig gehässig geworden, was Mena ihr aber nach der heutigen Aktion überhaupt nicht verübeln konnte.

Sie schaute zum Wecker neben ihrem Bett. Es war noch weit vor ihrer normalen Aufstehzeit.

»Gut, dann lass uns den Stein holen und ich überleg mir in der Schule, ob ich nicht doch noch eine andere Lösung weiß, als der verschrobenen Alten die Macht über einen Dämon zu geben.«

Ein triumphierendes Lächeln huschte über Perles Gesicht.

Die beiden hatten sich schnell ihre Jeans und Pullover übergestreift und waren in den dunklen Garten hinterm Haus gestapft.

»Oh Mann, ich hoffe, meine Mutter wacht nicht auf«, murmelte Mena besorgt, als sie sich den kleinen Spaten aus ihrer geblümten Gartenkiste griff. »Die denkt sonst noch, dass wir Satan anbeten und Opfergaben vergraben oder so etwas.«

Hinter ihr begann Perle leise zu kichern. »Naja, klingt ›wir graben einen Edelstein mit einem gefangenen Dämon darin aus‹ zurechnungsfähiger?«

Mena schnaubte verächtlich, musste sich aber ein Grinsen verkneifen. Sie führte ihre Freundin durch die dichtgewachsenen Rhododendronbüsche hindurch. Es war zwar noch dunkel, aber die langsam heranrollende Dämmerung ließ sie die Umrisse der Büsche einigermaßen ausmachen.

»Ich hoffe, du findest die Stelle noch, wo ihr gebuddelt habt. Sonst graben wir hier hinten noch den ganzen Garten um,«, flüsterte Perle mit ordentlich Zweifel in der Stimme.

Auch Mena war sich überhaupt nicht sicher, ob sie die Stelle auf Anhieb wiederfinden würde, trat dennoch motiviert an einen der knorrigen Stämme der Rhododendren.

»Aber klar«, ließ sie verlauten und stieß den kleinen Sparten in die weiche Erdschicht hinein. Schnell hatte sie eine Schicht Erde abgetragen und kratzte mit dem Metall auf etwas Festem herum.

Kann das schon die Dose sein?

Perle leuchtete geistesgegenwärtig mit ihrem Handy in die kleine Kuhle.

»Fehlanzeige«, murmelte sie dann aber und deutete nüchtern auf den Stein, welcher im Lichtkegel des Handys zum Vorschein kam.

Mena fluchte. »Mist. Aber ich schwöre, weit kann die Dose nicht sein.«

Sie trat einen Schritt zur Seite und ließ das scharfe Ende der Schaufel wieder in den Boden schnellen. Nach kurzem Graben protestierten ihre Armmuskeln – an Frühsport waren diese nicht gewöhnt.

Perle seufzte, als sie Menas Schwächeanfall bemerkte, und hockte sich neben die bereits entstandenen Löcher auf den Boden.

»Komm schon, du Sportskanone, ich helfe dir.« Sie begann, mit den Händen das erste Loch zu erweitern.

Mit jeder verstreichenden Minute sickerte das Morgenlicht immer stärker durch die dichten Blätter um sie herum. Als Perle neben Mena plötzlich aufgeregt quietschte, blinzelte sie auf. »Ich glaube, ich fühle Metall.« Flink zog Perle mit ihren vor Schmutz strotzenden Fingern ihr Handy hervor und leuchtete erneut.

Auch Mena spähte gespannt in die Erde und tatsächlich erkannte sie eine verbeulte Ecke der blauen Kaffeedose.

»Super! Geh mal zur Seite, dann lege ich sie ganz frei«, sagte sie und merkte, wie ihr die Aufregung in die Glieder schoss.

Vielleicht sind wir doch auf dem richtigen Weg. Aber die Beklemmung ließ sie nicht gänzlich los, die sie seit dem Beschluss die Dose auszugraben, ergriffen hatte.

Als die beiden Mädchen nach einigem Rütteln und Schaben

die Dose aus ihrem unterirdischen Reich befreit hatten, ließ Mena Perle den Deckel öffnen. Sie überwand sich, nicht den Stein anzufassen. Zu viel Schmerz verband sie mit ihm. Als Perle ihn von der schützenden Watte befreit hatte und ihn zwischen ihren Fingern drehte, sah er noch genauso aus, wie Ben und sie ihn zurückgelassen hatten.

»Schon verrückt, dass in diesem kleinen Ding der unendlich böse Vanadis sitzt und sich wahrscheinlich zu Tode langweilt«, sagte Perle ehrfürchtig.

Mena zog unbehaglich die Stirn kraus. Sie wollte lieber gar nicht darüber nachdenken, was Vanadis in seinem Gefängnis wohl gerade dachte ...

14. Kapitel

Das Gehirn und seine Windungen

Nach einem, aufgrund des Schlafmangels der letzten Nächte, ziemlich stillen Frühstücks, hatten Mena und Perle sich auf ihre Räder geschwungen und waren zur Schule gefahren. Als Mena im Biounterricht saß, hatte sie endlich Ruhe, um sich die Ereignisse der letzten Nacht noch einmal genau durch den Kopf gehen zu lassen.

Bens Worte jagten ihr immer noch einen Schauer über den Rücken. Er hatte so entschlossen geklungen, Perle zur Strecke zu bringen. Ob diese anderen Wesen ihn dazu zwangen? Sie konnte sich keinen Reim darauf machen, was diese Tiere in dem ganzen Bild zu suchen hatten. Vor ihrem inneren Auge flackerte die Erinnerung an die kleine Versammlung noch einmal auf und sie fragte sich unwillkürlich, ob die Felle und Federn der anderen Tiere nicht leicht im Licht gewabert hatten.

Alarmiert biss sie sich an dem Gedanken fest – es gefiel ihr überhaupt nicht, was das implizieren würde. Sie grub in ihren Gehirnwindungen nach dem Gesprächsverlauf mit Frau Behring vor Monaten.

Was hatte sie noch mal über die bekannte Anzahl der Alpdämonen gesagt? Waren es sechs gewesen? Oder sieben?

Schnell ging Mena in Gedanken die einzelnen Tiere aus der Traumwelt durch.

Eine Katze, eine Eule, ein Falke und eine Fledermaus. Mehr waren da nicht gewesen, oder? Selbst wenn man Vanadis abziehen würde, wären es insgesamt nur fünf Tiere.

Erleichtert atmete Mena ein.

Das wär's ja noch, dass ich es statt nur mit einem Alpdämonenfreund gleich mit einer ganzen Armee aufnehmen muss ...

Ihr Blick schweifte zu dem Bioarbeitsblatt, das vor ihr auf der Tischplatte lag. Sie nahmen das menschliche Gehirn mit all seinen Synapsen und Transmittern durch. Eigentlich fand Mena das Thema superinteressant, aber gerade konnte sie sich nicht auf Banalitäten wie Unterricht konzentrieren. Sie würde die Prüfung auch so irgendwie schaffen.

Die Abbildung auf dem Zettel bildete ab, wie das Belohnungssystem im Kopf funktionierte. Kleine Kügelchen stellten die Botenstoffe dar, die den Menschen zeigten, ob sie etwas befriedigte oder nicht.

Was ist bloß mit Ben passiert, dass sein Gehirn auf einmal zu sagen scheint, dass nur das Verschlingen von Seelen ihm Befriedigung verschaffen kann?

Mena strich sich unwirsch eine ihrer wirren Ponysträhnen aus der Stirn. Sie hatte heute Morgen im Stress vergessen, eins ihrer geliebten bunten Kopftücher in ihren kurzen Haaren zu verknoten – jetzt fühlte sie sich fast nackt, so ohne. Knurrend zwang sie die verwirrten Strähnen hinter ihre Ohren. Sie wusste genau, welches Tuch sie jetzt gerne im Haar gehabt hätte.

Ben hatte ihr eines geschenkt, als sie noch gar nicht lange zusammen waren. Als Muster hatte es winzig kleine weiße Sterne auf einem satten blauen Farbton. Mena hatte es begeistert betrachtet und Ben dankbar einen dicken Kuss auf die Wange gedrückt. Er hatte selig gelächelt und sie liebevoll von sich weggedrückt, um das Tuch in ihren Händen zu einer bestimmten Stelle zu drehen.

»Siehst du denn da?« Er hatte auf einen der Sterne gezeigt und Mena hatte entzückt festgestellt, dass dieser als einziger in einem knalligen Türkis erstrahlte. »Er erinnert mich an dich, darum habe ich dieses Tuch ausgesucht.«

Mena hatte ihn schelmisch angegrinst und mit dem Ellenbogen in seine Seite gestoßen. »Weil ich immer blau bin, oder warum?«

Ben hatte laut aufgelacht und gesagt: »Daran habe ich gar nicht gedacht, aber nein, eigentlich, weil er auch einzigartig ist – so wie du. Wenn du die Welt nicht mit anderen Augen gesehen – und somit mich nicht gesehen hättest – wäre ich nicht hier. Du bist so anders, und das ist so toll. Letztendlich liegt es schließlich an uns selbst, wie uns die Außenwelt betrachtet. Wenn wir selbst glauben, durchschnittlich und unwichtig zu sein, dann sind wir es auch. Aber mit ein wenig Mut zur Andersartigkeit, kann jeder der sein, der er möchte. Ich liebe dich und werde dir auf ewig dafür dankbar sein, dass du so bist wie du bist.«

Mena hatte einige Sekunden lächelnd über Bens Worte nachgedacht und sie für das wunderschönste Kompliment überhaupt gehalten. Sie hatte sich zwar immer selbst schon gerne als eines der schwarzen Schafe in der großen dummen Herde von Menschen gesehen, aber von jemand anderen diesen Wesenszug so positiv bewertet zu sehen, schmeichelte ihr. Sie hatte Bens Gesicht zwischen ihre Hände genommen und ihm einen leichten Kuss auf die Lippen gehaucht. »Ich liebe dich auch. Und danke für das beste Geschenk der Welt!«

Mena hatte gar nicht bemerkt, wie ihr eine vereinzelte Träne die Wange runtergekullert war. Erst als diese mit einem kleinen Platschen auf ihrem Biozettel landete, fuhr sie sich erschrocken mit der flachen Hand über ihre feuchten Augen. Durch die ganze

Aufregung mir Perles Träumen hatte sie immer wieder beiseitegeschoben, wie sehr sie Ben vermisste. Schnell blinzelte sie weitere aufsteigende Tränen weg und räusperte sich leise. Plötzlich wog der Edelstein, den sie mit Bedacht in der Innentasche ihrer Jacke verstaut hatte, schwer und schien ein Loch in das Futter des Stoffes zu brennen. Mena wusste, dass ihr Kopf ihr damit nur zu verstehen geben wollte, dass sie sich längst entschieden hatte, was mit dem Stein geschehen würde.

Ich werde Ben zurückholen – und zwar um jeden Preis!

15. Kapitel

Auf zum Hexenhaus

»Alles klar, wir bringen den Stein mit Vanadis zu Frau Behring«, zischte Mena Perle entschlossen zu, als sie zusammen mit all ihren Schulkameraden die Schule verließen. Diese klatschte voller Tatendrang in die Hände. »Wundervoll. Ich weiß, das ist nicht leicht für dich, aber ich glaube fest daran, dass das der richtige Weg ist.«

Ohne weitere Zeit zu verschwenden, machten sich die beiden mit ihren Fahrrädern auf den Weg zu Frau Behring. Als sie erneut vor dem verrotteten Haus anhielten, zog Mena zweifelnd die Stirn kraus. »Na, hoffentlich überzeugt sie der Stein als Angebot auch wirklich und sie schickt uns nicht wieder weg.«

Perle zuckte gespielt lässig mit den Schultern und grinste keck. »Zur Not befreien wir Vanadis und hetzen ihn ihr auf den Hals.«

Mena erschauderte bei dem Witz ihrer Freundin. *So weit darf es niemals kommen!*

Perle knuffte ihr in die Seite. »Mach nicht so ein Gesicht! Wenn wir merken, dass irgendetwas nicht ganz koscher läuft, brechen wir ab und fahren heim, versprochen.«

Mena nickte nur stumm und stieß entschlossen die Gartenpforte zu Frau Behrings Haus auf. Sie hatten keine zwei Schritte auf dem schmalen Schotterpfad zur Eingangstür getan, als mit einem kräftigen Ruck das Fenster im ersten Stock aufgestoßen wurde.

»Ich habe euch doch gesagt, ich jage euch zum Teufel, wenn ihr hier noch einmal aufkreuzt!«, keifte die alte Frau den Mädchen mit ihrer rostigen Stimme entgegen. Erschrocken erstarrten die beiden in ihrer Bewegung und blickten zu Frau Behring hoch, die wie ein lauernder Drache in ihrer Festung saß.

Perle räusperte sich als erste und straffte ihre Schultern. »Frau Behring, wir haben Ihnen ein Angebot zu machen. Also, hören Sie uns erst zu, bevor Sie uns erneut verscheuchen. Wir haben etwas von großem Wert, das wir bereit wären, gegen einige Informationen einzutauschen.«

Mena wunderte sich immer wieder, wie einfach Perle bei einem Erwachsenengespräch den Schalter auf eloquent stellen konnte.

Frau Behring hingegen zeigte sich wenig beeindruckt von Perles forschem Ton und fauchte zurück: »Ihr Grünschnäbel habt mit Sicherheit nichts, was für mich von Interesse sein könnte. Also verschwindet und steckt euch euer Angebot sonst wohin!«

Mena sammelte all ihren Mut zusammen und atmete flach ein und aus. Dann schob sie ihre Hand in die Innentasche ihre Jacke und zog den Opal hervor. Mit ausgestrecktem Arm hielt sie das schimmernde Etwas der Hexe entgegen.

»Erkennen Sie den wieder?«, rief sie mit kraftvoller Stimme zu Frau Behring hinauf.

Auch auf die relativ große Entfernung konnte sie sehen, dass die alte Frau misstrauisch die Augen zusammenkniff. Ein unzufriedenes Schnauben entglitt ihrer Kehle. »Das ist der Bannstein, den ihr Gören mir geklaut habt. Ihr habt vielleicht Nerven, mir mein ehemaliges Eigentum zum Tausch anzubieten!«

Sofort schaltete sich Perle wieder ein, um die Aufmerksamkeit der alten Dame weiter zu halten. »Wir wollen Ihnen nicht nur Ihr

Eigentum zurückgeben. Wie Sie bestimmt damals auch bemerkt haben, fehlte nicht nur dieser Edelstein, sondern auch noch eine Seite aus Ihrem Bannbuch. Und wenn Sie jetzt schlau genug sind zu kombinieren, wird Ihnen dieser Stein bestimmt um einiges wertvoller erscheinen als vor unserem Diebstahl.«

Frau Behring schien eine Sekunde irritiert über Perles Worte nachzudenken, bis sich ein markerschütterndes Wolfslachen aus ihrem Mund löste. »Ihr glaubt doch wohl nicht ernsthaft, dass ich euch glaube, dass ihr einen mächtigen Dämon gebannt habt und ihn jetzt hier so mir nichts, dir nichts in diesem kleinen Steinchen herumtragt?!« Das Lachen der alten Frau wurde immer lauter. »Das ist wirklich zum Schreien komisch. Ich bin zwar alt, aber dumm mit Sicherheit nicht.«

Mist, mit dieser Reaktion hatten die beiden Mädchen nicht gerechnet. Zögerlich hielt Mena den Stein immer noch in die Luft gereckt. »Sie glauben uns nicht? Dann prüfen Sie es nach. Sie haben doch bestimmt so etwas wie einen Dämonendetektor, eine Wünschelrute oder so etwas Ähnliches.« Ihre Stimme klang verzweifelter, als sie es beabsichtigt hatte. Aber diese absurde Chance wackelte auf Bens Rettung und das gefiel ihr überhaupt nicht.

Giftig blickte Frau Behring zu Mena herunter, als sie weitersprach: »Wir haben einen Alpdämonen namens Vanadis eingesperrt. Seine Schattengestalt ist eine schwarze Ratte, so kamen wir auf den richtigen Bannspruch und den Zwillingsstein, um ihn zu fangen.«

Perle gab Mena mit einem leichten Stoß in die Rippen zu verstehen, nicht all ihre Trümpfe auf einmal auszuspielen.

Frau Behring fluchte leise und Mena konnte sehen, wie Zweifel ihre ablehnende Fassade zum Bröckeln brachten. »Bleibt genau dort stehen, wo ihr jetzt seid«, spuckte sie den beiden vor die Füße, bevor sie das Fenster mit einem lauten Scheppern zuknallte.

Mit großen Augen sahen Mena und Perle sich an.

Waren wir nun überzeugend oder nicht?

Still warteten sie einige lange Minuten ab, bis sie das Rasseln eines Schlüsselbundes auf der anderen Seite der Tür vernahmen. Mena, die den Stein mittlerweile hatte sinken lassen, umklammerte ihn fest mit ihren feuchten Fingern.

Als Frau Behring die Tür öffnete, sah Mena einen antiken Handspiegel in den Fingern der alten Frau. Wie ein Schutzschild hielt sie sich diesen vor die Brust, sodass das Glas verdeckt war. Silberne Schnörkel zierten den Rücken des kunstvollen Stücks. In den leichten Sonnenstrahlen des Nachmittags glänzte das Metall in verschiedenen Farben. Mit einem unwirschen Winken befahl die alte Frau den Mädchen näherzutreten. Langsam setzten sich die beiden in Bewegung.

»Hol den Stein hervor«, befahl Frau Behring Mena, als diese eine Armlänge von ihr entfernt stehenblieb. Die Alte ihrerseits löste den Spiegel von ihrer Brust und streckte ihn senkrecht von sich, mit der Glasseite nach oben. »Und halte ihn direkt über den Spiegel.«

Mit einem misstrauischen Blick zu Perle, die nur angespannt den Mund verzog, tat Mena wie ihr geheißen. Zwischen zwei Fingern führte sie den Edelstein über die spiegelnde Oberfläche. In dem Moment, als sich die beiden Objekte direkt übereinander befanden, brach aus dem Spiegel ein gleißendes Licht. In Sekundenschnelle bündelte sich die Helligkeit zu einer feinen Linie, die direkt auf den Stein zielte. Durch seine geschliffenen Facetten brach sich der Strahl und ein dunkelroter Nebel entstand.

Erstarrt verfolgte Mena das Schauspiel. Perle hatte ihre Finger in Menas Rücken gekrallt und trat aufgeregt von einem Fuß auf den anderen. Mena blinzelte irritiert, als sich das Rot des Nebels veränderte und zu Umrissen formierte.

Die Umrisse wurden schärfer und es formte sich eine Fratze. Rot wabernd erschien vor ihnen in der Luft das Gesicht von Vanadis – seine Augen aufgerissen und seine Züge von Hass verzerrt. Er schien ihnen entgegenzubrüllen, doch alles blieb still. Mena keuchte verängstigt auf und zog reflexartig ihrer Hand mit dem Stein zurück an ihren Körper.

So schnell das Gesicht gekommen war, so schnell war es wieder verschwunden. Schweiß hatte sich auf Menas Stirn gebildet und sie atmete flach. Schwankend hielt sie sich an Perle fest.

Frau Behring ließ den Spiegel sinken und betrachtete sie eingehend. Der böse Blick war aus ihren Augen gewichen und an seine Stelle war so etwas wie Mitleid getreten. Sie trat zur Seite und machte so den Weg in ihr Haus frei.

»Kommt rein«, sagte sie schlicht und deutete mit ihrem Kopf in Richtung Tür.

Mena, noch nicht ganz aus ihrer Schockstarre erwacht, wurde von Perle an Frau Behring vorbei in die Küche des Hauses geschoben.

In dem Raum hatte sich nach ihrem letzten Besuch nicht etwas getan. Als ob die Zeit stehen geblieben sei, standen Tassen in der Spüle, unnützer Nippes lag an jedem freien Fleck und der Rest an Ablagefläche wurde von Bücherstapeln beherrscht.

Menas Blick wanderte unbewusst zu dem einen Stapel auf dem Teppich, unter dem sich die Falltür verbarg, die sie mit Perle und Ben damals gefunden hatte.

Perle wies sie mit einem leichten Druck auf die Schultern an, auf einem der Stühle Platz zu nehmen, und setzte sich selbst neben sie. Auf ihren kranken Beinen folgte auch Frau Behring langsam und ließ sich ihnen gegenüber nieder.

»Gut«, sagte sie und falte die Hände auf dem Tisch. Sie blickte Mena eingehend an, als sie fortfuhr: »Ihr habt es also tatsächlich geschafft, einen Alpdämonen zu bannen. Die Frage ist nur, was ihr jetzt für Informationen von mir braucht. Ihr habt es doch offensichtlich geschafft, dich vor ihm zu retten.«

Langsam fand Mena ihre Beherrschung wieder. Sie zog die Lippen zwischen die Zähne und ging in ihrem Kopf ein letztes Mal all ihre Optionen durch.

Nach einem weiteren langen Blick zu Perle begann Mena, mit leiser Stimme ihre Geschichte zu erzählen.

»Und Sie können mir glauben, Ben ist mit Sicherheit nicht böse und will es auch nicht sein. Wir müssen ihm helfen. Er will doch nur ein normales Leben führen. Und ich möchte das auch für ihn«, beendete Mena nach einiger Zeit ihren Vortrag.

Frau Behring, die am Anfang ab und zu verstehend genickt hatte, war mit der Zeit immer ruhiger geworden und starrte nun abwesend aus dem Fenster.

Perle räusperte sich, um die alte Frau wieder ins Hier und Jetzt zu holen. »Und? Haben sie als Dämonenexpertin schon mal von so einer Situation gehört und eine Idee, wie wir Ben ohne Quell des Phantasmas am Leben erhalten können?«

Frau Behring schien sich aus irgendeinem weit entfernten Gedanken zu reißen und stand mit steifen Gliedern auf. Sie stützte sich kurz auf der Tischplatte ab, um sich auszubalancieren, und streifte Mena mit einem flüchtigen Blick.

»Wisst ihr«, murmelte sie, »ich war nicht immer die *Dämonenexpertin*, wie ihr mich nennt. Natürlich habe ich mein fundiertes Wissen über das Übernatürliche von meiner Oma und meiner Mutter weitergegeben bekommen, aber mein Interesse für Dämonen entstand erst vor siebzehn oder achtzehn Jahren.« Sie schien zu überlegen. Dann setzte sie sich ohne ein weiteres Wort der Erklärung in Bewegung und verschwand im Flur.

Mena und Perle starrten ihr verdutzt hinterher. *Was hat die alte Frau vor?*

Ein Rumpeln aus dem Nebenraum war zu hören. Mena hob irritiert die Augenbrauen. »Sollen wir Ihnen helfen?«, rief sie in Richtung Flur.

Ein kurzes unverständliches Gemecker schallte ihnen entgegen und dann hörten die beiden Mädchen, wie eine Schublade mit einem lauten Quietschen zurück an ihren Platz geschoben wurde. Als Frau Behring keine zehn Sekunden später wieder in der Küche stand, hatte sie einen kleinen Schuhkarton und einen Kassettenrekorder, der wahrscheinlich schon den Zweiten Weltkrieg überlebt hatte, in den Armen. Sie stellte die beiden Gegenstände vor Mena auf dem Küchentisch ab und öffnete den Deckel des Kartons. Darin befanden sich eine Handvoll Kassetten – alle beschriftet mit Aufzeichnungen von 1 bis 6.

Mit einer vagen Handbewegung befahl Frau Behring Mena, die erste Kassette in den Recorder zu legen. »Hört es euch an. Ich mach uns derweil mal einen schönen schwarzen Kaffee. Den werden wir brauchen«, brummte sie und wandte sich zu ihrer Küchenzeile um.

Eine leichte Gänsehaut überzog Menas Arme. *Was kommt denn jetzt?*

Doch ihre Neugier besiegte schnell ihr Unbehagen und mit flinken Fingern startete sie das Abspielgerät. Mit dem eigentümlichen Rauschen und Knacken eines alten Tonbandes begann das Ganze zu laufen.

»*Heute ist der dritte Tag, nachdem es begonnen hat*«, hörte man die unverkennbare Stimme von Frau Behring aus dem Gerät schallen.

Fragend blickten die beiden Mädchen zu der alten Dame, die ihnen noch immer den Rücken zuwandte, hörten aber aufmerksam weiter zu.

»*In der ersten Nacht fühlte es sich noch an wie ein normaler Albtraum. Zwar ein sehr realistischer, aber auch nicht mehr. In der zweiten Nacht jedoch wurde das Gefühl, verfolgt zu werden, immer stärker und schwarze Schattenfetzen griffen nach mir. Heute, in der dritten Nacht, konnte ich nicht schnell genug fliehen und stand meinem gesichtslosen Verfolger gegenüber. Es war ein schwarzes Wesen mit tiefen Löchern statt Augen und Mund.*«

Die Stimme auf der Aufnahme war zwar sehr sachlich, klang aber mit jedem weiteren Satz belegter.

»Ein schreckliches Gefühl machte sich in meinem Kopf breit, als ich in diese unendlichen Tiefen der Augenhöhlen sah. Wie durch einen Sog schien mir mein Verstand genommen zu werden. Ich schrie verzweifelt und flehte, als plötzlich dieser schreckliche Schmerz einfach stoppte. Ich wusste nicht, wie mir geschah. Ich sah nur, dass das scheußliche Wesen seine Gestalt änderte. Die schwarzen Schatten verflüchtigten sich und zurück blieb ein ganz normaler junger Mann mit einem gebrochenen Gesicht. Er schien zu weinen und in meiner Verwirrung fühlte ich sogar Mitleid mit diesem Wesen.

Wer bist du, fragte ich ihn also. Zögernd hob der junge Mann den Kopf und ich konnte einen unendlichen Schmerz in seinem Blick lesen.

Eigentlich sollte ich dein schlimmster Albtraum sein, *flüsterte er, während er sich an den Nasenrücken fasste, um eine weitere Tränenattacke zu verhindern.* Aber wie könnte ich das noch sein, nach allem, was passiert ist?

Als ich auf ihn zugehen wollte, riss eine unsichtbare Macht an mir und ich wachte in meinem eigenen Bett auf.«

Perle drückte nach diesem letzten Satz mit einer energischen Geste auf Pause und wandte sich empört zu Frau Behring.

»Ist das Ihr Ernst? Sie waren auch schon einmal Opfer einer Alpattacke? Hätten Sie uns das nicht freundlicherweise erzählen können, als wir damals so verzweifelt zu Ihnen kamen?«

Die alte Frau ergriff die fertig aufgebrühte Kaffeekanne und schlurfte zu ihrem Platz am Küchentisch zurück. Ihr Blick war zerknirscht, aber Mena konnte etwas anderes darin ausmachen, was sie nicht einzuordnen wusste. Als Frau Behring endlich saß, seufzte sie.

»Das ist ein Kapitel in meinem Leben, das ich gerne vergessen würde. Aber um das nachvollziehen zu können, müsst ihr die ganze Geschichte kennen. Nach dieser Nacht«, sie deutete auf den Kassettenrekorder, »setze ich alles daran, mehr über diesen

Dämon herauszufinden. Ich wusste ja, dass Legenden und Mythen einfach Lügen sind, die dazu dienen, eine schon bekannte, aber ungemütliche Wahrheit zu erklären. So begriff ich schnell, dass es sich um einen Alp handelte, und als ich diese Aufzeichnung von dem Psychologen, die ich euch damals auch zeigte, gelesen hatte, wurde mir bewusst, dass ich gerade so eben mit meinem Verstand davongekommen war. Nur warum? Diese Frage wurmte mich unendlich. Warum hatte er mich laufen lassen? Warum mir seine zerbrechliche, menschliche Gestalt gezeigt?«

Frau Bering fuhr sich mit den Fingern über die zerfurchte Stirn. »Ich wollte ihn zur Rede stellen. Doch in der nächsten Nacht merkte ich, dass er mir nicht mehr folgte. Ich begann, ihn in meinen Träumen zu suchen, denn ich spürte seine Anwesenheit immer noch wie eine kalte Klaue. So dauerte es auch nicht lange, bis ich ihn zwei Nächte später fand. Er war überrascht, mich zu sehen und wohl zu erschöpft, um vor mir davonzulaufen. Wie ein geschlagenes Kind hörte er sich meine Fragen an und begann dann – wahrscheinlich, weil er dachte, dass es sowieso kein Unterschied mehr machen würde –, sein Leid mit mir zu teilen. Mit trauriger Stimme erzählte er, dass bei diesem Auftrag einfach alles schiefgelaufen sei. Er erklärte knapp, dass er sich wie bei jedem Auftrag in die Umgebung des Opfers – also meine – eingefügt hatte. Doch dann war etwas Unvorhersehbares passiert. Er traf eine Frau, die alles veränderte. Er hatte wörtlich gesagt: *Es war, als ob sie mir durch die Augen mitten in mein verkümmertes Herz gesehen und es zum Leben erweckt hat.*

Doch ihm wurde schnell klar, dass dieses Glück niemals funktionieren könnte. Seine Anführerin drängte ihn, den Auftrag bei mir abzuschließen, doch als er mir den Quell des Phantasmas aussaugen wollte, sah er, anstatt mich, plötzlich seine Geliebte vor sich. Er konnte sich wohl bildlich vorstellen, wie sie an meiner Stelle litt, und so konnte er den Auftrag nicht zu Ende bringen«, erzählte

Frau Behring mit verklärtem Gesicht weiter.

Mena war bei einem Nebensatz der Geschichte hellhörig geworden.

Seine Anführerin? Das klingt ja so, als ob es tatsächlich eine Gruppe Alpdämonen gibt, die zusammenleben. Die merkwürdige Katze aus der Welt der Alpdämonen hat ja auch ziemlich gebieterisch mit Ben gesprochen. Kann es sein, dass sie die gleiche Anführerin wie aus Frau Behrings Geschichte ist?

»Es machte mich fertig, diesen jungen Mann so leiden zu sehen. Ich versprach ihm, alles in meiner Machtstehende zu tun, um ihm zu helfen. Ihr müsst wissen, dass, wenn es um die Liebe geht, bei mir alle Dämme brechen. Meiner Meinung nach hat es jeder – egal ob Dämon oder nicht – verdient, sein Glück zu finden.« Frau Behring griff sich unbewusst an die Brust.

Bei den Worten der alten Frau schluckte Mena schwer und begann, zappelig auf ihrem Stuhl hin und her zu rutschen: »Also, haben Sie eine Lösung gefunden, den Mann da rauszuholen?«

Frau Behring blinzelte sie warnend an. »Kind, wenn du mal bis zum Ende zuhören würdest, ich bin ja gleich bei dem wichtigen Punkt. Also, sei still und du wirst deine heiß ersehnte Information bekommen.«

Mena nickte übertrieben und verschloss in einer Geste mit einem unsichtbaren Schlüssel ihre Lippen. Die alte Frau kommentierte dies mit einem Augenrollen.

»Nach dieser Nacht setzte ich mir also zur Aufgabe, dem armen Teufel zu helfen. Ich versenkte mich in alten Schriften und Aufzeichnungen und nachdem einige Tage vergangen waren, hatte ich endlich eine Spur. Ich fand einen Zauberspruch, der eigentlich als Waffe gegen einen Alp gedacht war.

Der Zauber raubte dem Dämon jedes bisschen an übernatürlicher Macht und ließ ihn als normalen Menschen zurück. Als ich meinem neuen Freund von dieser Möglichkeit erzählte, zögerte er keine Sekunde, seine Macht einzubüßen. Ich wandte den Spruch also auf ihn an und wie von einem Blitz getroffen schnellten wir zusammen in die reale Welt. Er war so glücklich und dankbar, dass er mich an sich drückte und ihm die Tränen kamen. Ich war stolz, fühlte mich fast wie eine Heldin.« Frau Behring hielt kurz inne. Sie schien die glitzernden Augen der Mädchen wahrzunehmen und hob warnend den Zeigefinger. »Macht euch nicht nass vor Freude. Das dicke Ende kommt erst noch. Der junge Mann begann also, sein Leben als normaler Mensch zu leben. Zusammen mit seiner Geliebten. Jeden Sonntag kam er zum Kaffee und erzählte mir, wie gut sein Leben zusammen mit seiner großen Liebe lief. Es dauerte nicht lange, da verlobten sich die beiden und auch ein Kind war im Anmarsch. Ich fühlte mich wie die Großmutter, die ich nie war, und freute mich jeden Montag schon wieder aufs kommende Wochenende. Monate und Jahre gingen so ins Land, bis er eines schönen Sonntags plötzlich nicht mehr erschien. Ich wartete Stunden und sorgte mich unendlich, dachte zuerst, ihm wäre vielleicht etwas Wichtiges dazwischengekommen. Doch auch an den nächsten Sonntagen kam er einfach nicht mehr. Das ist jetzt schon einige Jahre her und seitdem habe ich ihn nicht mehr gesehen. Es fühlt sich an, als hätte sich die Hölle aufgetan und ihn verschlungen. Und so ähnlich ist auch die Theorie, die ich mir über die Jahre gebildet habe. Ich glaube, dass mein Zauber nicht stark genug war, um ihn hier zu halten. Er konnte das Dämonische in dem jungen Mann für einige Zeit in Schach halten, aber die Kraft des Zaubers hat wohl nachgelassen und mein Freund musste in die Albtraumwelt zurückkehren. Ich hatte immer die Hoffnung, mich zu irren, aber Hoffnungen sind nun mal ein trauriges Privileg von uns Menschen und das echte Schicksal kommt einfach direkt aus der Hölle.«

Mena sog scharf die Luft ein und die alte Dame nickte ihr traurig zu. »Ich sehe, du verstehst. Ich kann dir den Zauber natürlich geben, aber es kann sein, dass er deinem Ben nur für ein paar Jahre oder auch nur Monate helfen kann.«

Um nicht frustriert aufzuschreien, biss sich Mena auf die Unterlippe.

Wie kann ich nur so nah dran und doch so weit weg von der Lösung sein?

»Ich will den Zauber trotzdem. Alles, was uns ein wenig mehr Zeit verschafft, hilft. Irgendwo auf dieser Welt wird es Rat geben und ich werde ihn finden«, sagte Mena mit fester Stimme.

Frau Behring wog leicht mit dem Kopf, als hätte sie keine andere Antwort von ihr erwartet. Mit zitternden Armen stützte sie sich ab, um sich zu erheben. Sie deutete mit einer unbestimmten Bewegung des Armes auf den Teppich, der über der Falltür zu ihrem unterirdischen Reich lag. »Ich muss euch ja nicht sagen, wo es langgeht, also tut einer alten Frau den Gefallen und räumt die Bücher auf dem Teppich zur Seite.«

Perle, die erstaunlich still in den letzten Minuten gewesen war, sprang ohne Zögern auf die Beine und machte sich an die Arbeit. Als der Teppich freigelegt und beiseite gerollt war, fühlte es sich für Mena wie ein Déjà-vu an, wieder in das dunkle Kellerloch hinabzusteigen.

Wie auch beim letzten Besuch in diesem unterirdischen Gewölbe fühlte man sich an einen dieser indisch angehauchten Krimskrams-Läden erinnert.

Traumfänger hingen von der Decke, Kristalle und glitzernde Schatullen standen überall verteilt in Regalen und am Kopfende des schummrigen Raumes prangte der verschnörkelte Schreibtisch, aus dem sie damals den Opal gestohlen hatten. Die alte Dame schien auch dieses Mal wieder auf genau dieses Möbelstück zuzusteuern. Mit einem Schnippen ihrer Finger entfachte sie eine auf der Tischplatte stehende Kerze.

Perle entglitt ein erschrockener Laut. »Wahnsinn«, murmelte sie Mena zwischen zusammengepressten Zähnen zu. »Die kann ja wirklich hexen!«

Offensichtlich unbeeindruckt von dem kleinen Ausbruch der Mädchen, nestelte Frau Behring an einer der Schubladen des Tisches, bis diese mit einem fiesen Quietschen nachgab. Mena hörte die alte Frau darin herumkramen, konnte aber nur ihren Rücken sehen.

»Aha, da haben wir es ja«, ertönte es kurze Zeit später. Mit einer flinken Drehung, die so gar nicht zu ihren anderen vorsichtigen Bewegungen passte, drehte sie sich um und hielt Mena eine kleine Rolle Papier entgegen. Gehalten wurde diese nur mit einem einfachen Garn. »Ich weiß, es sieht nicht sonderlich beeindruckend aus, aber das muss es auch nicht, wenn es wirkt.«

Mena wollte gerade die Hand nach dem Zauberspruch ausstrecken, als Frau Behring die Rolle mit einer schnellen Bewegung hinter ihrem Rücken verschwinden ließ. »Hast du nicht etwas vergessen? Wir haben immer noch einen Deal. Also, her mit dem Opal«, sagte die alte Frau und streckte Mena die andere, leere Hand auffordernd entgegen.

Mist, ich dachte, die Alte hätte unsere Abmachung vielleicht wieder vergessen.

Sie warf Perle einen kurzen Blick zu, doch diese zuckte nur resigniert die Schultern. Also holte Mena andächtig den Stein wieder hervor und hielt ihn sich vors Gesicht.

»Komm schon, Mädel, ich werde damit schon keine Dummheiten anstellen. Bei mir ist der Stein allemal sicherer als in deinem Kinderzimmer«, meckerte die alte Frau ungeduldig und wackelte mit den Fingern der ausgestreckten Hand.

Perle kicherte leise. »Oder sicherer als im Garten vergraben …«

Frau Behring hob bei dieser Aussage vorwurfsvoll die Augenbrauen. »Wirklich? Du hattest ihn im Garten vergraben? Stell dir mal vor, ein blödes Eichhörnchen hätte den Stein ausgegraben und von einem Baum fallen lassen. Dir ist schon klar, dass, sobald der

Stein eine Macke abbekommt, der gute Vanadis wieder frei ist und dir mit Sicherheit als allererstes einen kleinen Besuch abstatten wird?«

Menas Augen weiteten sich. *Nein, das war mir natürlich nicht klargewesen.*

Als wäre er giftig, konnte sie den Stein nicht schnell genug in Frau Behrings Handfläche fallen lassen. Diese nickte zufrieden, als sich ihre Finger um die glatte Oberfläche des Edelsteins schlossen. Ohne Zögern holte sie das kleine Stück Papier wieder hinter ihrem Rücken hervor und reichte es Mena. Ein trauriges Lächeln umspielte ihre Mundwinkel, als sie sagte: »Aber bitte denk immer daran, was ich dir gesagt habe. Ich weiß nicht, wie lange der Zauber wirkt, und ich will dir nicht zu viele Hoffnungen machen.«

»Ja, ich weiß«, antwortete Mena. »Gibt es noch etwas, das ich beachten muss, wenn ich den Zauber spreche?«

Frau Behring tippte sich überlegend ans Kinn. »Eigentlich nicht viel. Der Dämon, der verzaubert werden soll, muss den Spruch natürlich hören. Also, sei nicht zu weit von deinem Ben weg. Ich schätze, es sollte höchstens ein Umkreis von fünfzehn Metern sein.«

»Alles klar, das kriegen wir hin. Team Ben-Retter macht sich bereit für den Sieg«, sagte Perle anstatt Menas und stemmte zuversichtlich die Fäuste in die Seite.

»Oh Gott, nun geht's aber los. Eure jugendliche Selbstbeweihräucherung könnt ihr gerne woanders vollziehen«, sagte Frau Bering und wies mit den Händen in Richtung Ausgang. »Ich will euch diebische Elstern nämlich trotz allem nicht länger als nötig in der Nähe meiner Sachen haben.«

Mena und Perle grinsten. Der Ton der alten Frau war zwar wieder giftig, aber das Lächeln in ihren Augen war ihnen nicht entgangen. Mit wenig weiteren Worten ließen sich die beiden nach draußen komplimentieren und fanden sich auf der Straße vor dem kleinen

Hexenhaus wieder.

Perle kicherte übertrieben, als sie sich auf ihr Fahrrad schwang. »Mann, Mann, Mann ... die Frau hat es echt faustdick hinter den Ohren. Ich finde sie super. Wenn ich alt bin, will ich auch mal so sein wie sie.«

Mena verdrehte gespielt die Augen. »Dann musst du mir aber versprechen, trotzdem weiterhin nett zu mir zu sein, sonst beschütze ich dich nicht mehr vor meinem Dämonenfreund und dann kannst du selbst sehen, wie du in ein so stolzes Alter kommst.« Neckend streckte sie ihrer Freundin die Zunge raus.

16. Kapitel

Der botanische Garten

Perle hatte auf dem Weg zu Mena ihre Großeltern angerufen und ihnen Bescheid gegeben, dass sie eine weitere Nacht bei Mena schlafen würde.

Als die beiden nach einem ausgiebigen Abendessen gestärkt für die Nacht ins Bett fielen, übermannte sie sofort die Müdigkeit und zog sich über ihre Glieder wie eine bleierne Decke. Sie lagen Nase an Nase und hielten sich an den Händen fest, damit die Traumverbindung auch ja zustande kam.

»Na, dann lass uns mal alles wieder in geregelte Bahnen leiten«, murmelte Perle schläfern in Menas Richtung, bevor sie beide vom Schlaf entführt wurden.

Als Mena die Augen aufschlug, sah sie sich sofort suchend nach ihrer Freundin um. Und tatsächlich erblickte sie Perle nicht weit von sich entfernt. Perle sah verwirrt aus, schien sich aber bei Menas Anblick zu erinnern, dass sie träumte und dass sie eine Mission hatten.

»Wo sind wir denn diesmal gelandet?«, fragte Mena und sah sich skeptisch um.

Akkurat gestutzte Bäume und Hecken umgaben sie und der gepflasterte Weg unter ihren Füßen glich einem kunstvoll angelegten Mosaik. Mena meinte sogar, einen Busch in Form eines Pfaues zu entdecken.

Auch Perle drehte sich einmal um sich selbst und blickte sich um, bis sich ihr Gesicht verzückt aufhellte. »Oh, ich weiß, wo wir sind. Das ist der botanische Garten in meiner früheren Heimatstadt.«

Aufgeregt ergriff sie Menas Hand und führte sie schnellen Schrittes den Weg hinunter. »Komm mit. Du kennst so wenig aus meinem alten Leben. Ich muss dir unbedingt was zeigen.«

Als die zwei um die Ecke einer aufwändig beschnittenen Buchsbaumhecke traten, jauchzte Perle auf. »Oh klasse, genauso wie ich es in Erinnerung hatte.«

Vor Menas Augen erstreckte sich ein kleiner Fischteich mit Seerosen. An seinem Ufer stand unter einer wunderschönen Trauerweide ein eiserner Pavillon. Das Metall war verschnörkelt und schien aus organischen Blumenranken zu bestehen. Mühelos fügte sich dieser Fremdkörper in die Natur ein und schmeichelte dem Auge des Betrachters.

»Hier haben meine Eltern und ich früher oft am Wochenende gepicknickt«, sinnierte Perle leise vor sich hin.

Sie führte Mena weiter bis unter das schützende Dach der Laube. Perles Augen glitzerten glücklich, während Menas Blick wachsam auf den still daliegenden Fischteich gerichtet war. Sie wusste, wie schnell es in solchen Träumen mit dem schönen Schein vorbeisein konnte, und wollte auf keinen Fall den Moment des Umschwunges verpassen. Leicht kräuselte sich die Oberfläche der spiegelglatten Fläche. Es war nur ein leichtes Zittern des Wassers, welches das nahende Unheil ankündigte.

Mena räusperte sich, um ihre Freundin wieder aufmerksamer zu machen. Wie auf Kommando frischte der Wind auf und strich Mena den Pony aus der Stirn. Doch Perle war viel zu aufgeregt, als dass sie die minimalen Veränderungen hätte wahrnehmen können.

»Es geht los«, flüsterte Mena ihrer Freundin leise zu, bevor sie ein letztes Mal fest ihre Hand drückte und sich dann den dicken Stamm der Trauerweide als Sichtschutz aussuchte.

Ben darf mich nicht direkt sehen. So verbissen, wie er geklungen hat, als er mit den anderen Tieren geredet hat, wird er nicht begeistert sein, dass ich mich seiner Jagd in den Weg stelle.

Aus ihrem Versteck heraus beobachtete Mena, wie die Dunkelheit auf den See hinaussickerte und Perle sich auf ihrem ungeschützten Platz sichtlich anspannte.

Mena litt mit ihrer Freundin. Es dauerte nicht lange, bis sich aus der nahenden Schwärze die bekannte Schemengestalt materialisierte. Wie schon in der Nacht zuvor, konnte sie nichts von Ben in diesem Wesen erkennen. Ihr Verstand kämpfte immer noch gegen diese Wahrheit an. Wie giftige Galle kam sie immer wieder hoch.

Wenn ich es nicht mit eigenen Augen gesehen hätte ...

Ben näherte sich Perle in raschem Tempo. Er verlor keine Zeit. Sobald er in ihrer unmittelbaren Nähe war, spannten sich schon seine Muskeln und der Sog auf Perles Quell des Phantasmas entstand merklich.

Wie kann er nur so schrecklich entschlossen sein, Perle weh zu tun?

Obwohl Ben und sie gerade nur wenige Schritte trennten, schien es Mena, als wären sie noch nie so weit voneinander entfernt gewesen.

Diesmal werde ich Perle keine Sekunde zu lange leiden lassen!

Sie trat aus dem Schatten des Baumes hervor und rief dem Alp entgegen: »Ben! Bitte, hör auf damit und sieh mich an! Ich bin es, Mena. Ich habe einen Weg gefunden, dich nach Hause zu holen.«

Wie vom Blitz getroffen wandten sich die schwarzen Augenhöhlen des Wesens Mena zu.

Erkennt er mich?

Mena nutzte den Moment des Zögerns und zog den zusammengerollten Zettel mit dem Zauber aus ihrer Gesäßtasche. Mit schweißnassen Fingern rollte sie ihn auseinander und warf noch einmal einen schnellen Blick zu diesem Wesen, das ihr Ben sein sollte. »Ben, du musst mir jetzt gut zuhören! Das ist ein Zauber, der dich wieder normal machen wird. Danach kannst du in die reale Welt zurück!«

Sie konnte nicht deuten, ob das Wesen sie verstanden hatte, also zog sie entschlossen das Stück Papier glatt und ihre Lippen formten die ersten Worte des Zaubers. Weiter als zwei Silben kam sie nicht, da mit einem tiefen, allumfassenden Grollen plötzlich Schwärze um sie herum entstand. Sie glaubte, ein Keuchen von Ben zu hören, aber Perles panische Schreie übertönten alles.

17. Kapitel

Ben

Bens Kräfte waren neu entfacht. Wie aus einen tiefen, sedierten Traum sah er in Menas verzweifelte Augen. Sie blickte durch Benthanirs Schwärze hindurch direkt in sein Inneres – zu ihm.

Mit seinem ganzen Willen stemmte er sich erneut gegen seinen Widersacher. Es fühlte sich an wie zwei kollidierende Kometen, als ihre Seelen sich trafen.

Benthanir schien von der Situation überrascht zu sein und hatte im Leben nicht damit gerechnet, dass Ben sich noch einmal gegen ihn auflehnen würde.

Der Kampf zwischen den beiden passierte im Augenblick eines Wimpernschlages. Und während Ben tatsächlich in dem Kopf dieses geteilten Körpers wieder die Oberhand zu erlangen schien, bestand Benthanirs letzte aktive Handlung darin, sich aus Perles Traum hinaus zu teleportieren.

Ben hörte nur Perles angsterfüllten Schrei, als sich die Dunkelheit um ihn schloss. *Verdammt!*

In einem Strudel aus schwarzen Schattenfetzen flog er dahin. Er wusste sofort, wo Benthanir ihn hingeschickt hatte – zurück ins Reich der Alpdämonen.

Wie im Zeitraffer holte er die Stunden, die sich seiner Kontrolle entzogen hatten, wieder auf. Ratternd spulte sein Gehirn bis zu dem Moment zurück, wo er seinen Körper an den Anderen verloren hatte. Er sah Mena, wie sie sich im Club zur Bar durchkämpfte, um ihm ein Glas Wasser zu besorgen, als es für jede Hilfe zu spät gewesen war. Ben hatte nur die Warnung aussprechen können, dass Perle sich von ihm fernhalten solle, als Benthanir seinen Körper mit Haut und Haaren an sich gerissen und vor Mena geflohen war.

Der verstörte Blick, den Mena ihm im Flur des Clubs hatte zuwerfen können, hatte sich tief in Bens geschundene Seele gefressen.

Handlungsunfähig, wie er danach war, hatte Ben verfolgen müssen, wie der Andere auf direktem Weg zurück zu der verlassenen Fabrik geeilt war, um nach dieser unsäglichen Katze zu rufen.

Ben war zuvor nur unter dem Vorwand, kurz an der frischen Luft über ihr Jobangebot nachzudenken, aus der merkwürdigen Situation entkommen.

»Hey, Katze. Pavitra. Ich will dein Angebot annehmen. Versorg mich mit Energie und ich mache, was du willst.«

Das unheimliche Tier hatte sich nicht lange bitten lassen und war von einem herunterhängenden Ast durchs Fenster direkt zu ihnen gesprungen. Noch im Aufkommen hatte Pavirta sich verwandelt. Aus der schwarzen Sphinx-Katze war bei der Landung eine anmutige Frau geworden. Scharfe Gesichtszüge mit stechenden Augen hatten Ben und Benthanir ins Visier genommen.

»Du hast es dir also überlegt?«, schnurrte sie trotz der menschlichen Gestalt in alter Katzenmanier. »Das gefällt mir. Dann komm mit. Ich bringe dich in dein neues Heim.«

Sie hatte dem Anderen die Hand mit spitzgefeilten Fingernägeln entgegengehalten und Benthanir hatte sie ohne Zögern ergriffen.

In einem ähnlichen Strudel, wie dem, in dem er sich gerade befand, hatte sie ihn in ihre Welt entführt – die Welt der Alpdämonen. Vor Bens Augen hatten sich seine früheren Gute-Nacht-Geschichten in Wirklichkeit verwandelt.

Pavitra stellte dem Anderen die Eule, den Falken und die Fledermaus vor und erklärte ihre Aufgabengebiete.

Sie selbst und die Eule leiteten, der Falke war Koordinator über die Energieversorger und die Fledermaus – sowie jetzt auch Benthanir – waren dafür zuständig, die Gruppe mit frischem Quell der Phantasma-Energie zu versorgen.

Die Augen des Anderen hatten geleuchtet. Das war genau das, was er gewollt hatte – jagen!

Pavitra hatte ihm verschwörerisch zugezwinkert und ihn dann in die Tiefen der Wurzeln ihres Heimatbaumes geführt. »Du kannst es wohl kaum erwarten, dein erstes Opfer zur Strecke zu bringen? Deine Entschlossenheit gefällt mir. Aber vorher musst du Kraft tanken. Ohne auf der Höhe zu sein, schick ich dich nicht auf deine erste Mission.«

Sie waren in einen großen Raum getreten, der wie eine Kuppel anmutete. Strahlend pinkes Licht brach aus den lebenden Wänden hervor.

»Strecke deine flache Hand nach der Oberfläche des Baumes aus. So verschmilzt du mit ihm. Er ist unser Energiespeicher und wird dich aufladen.«

Benthanir hatte sich nicht lange bitten lassen und als seine Hand die knorrige Fläche berührt hatte, waren Ben die elektrisierenden Impulse der sich entfaltenden Energie nicht entgangen. Der Andere war förmlich in einen Rausch verfallen und hatte mehr und mehr Energie aus dem Baum gesogen, bis Pavitra ihn regelrecht von den Wurzeln hatte wegzerren müssen.

Kurz hatte sie gelacht, danach aber mit einem eiskalten Blick zu ihm gesagt: »Mein junger Freund, unser Vorrat ist nicht unerschöpflich. Erst hast auch du für Energienachschub zu sorgen.

Darum werde ich dir gleich dein erstes Opfer auswählen, damit du zeigen kannst, was für ein Alp in dir steckt.«

Benthanir hatte forsch die Hand auf ihren Arm gelegt und gesagt: »Du musst mir kein Opfer aussuchen. Ich habe mir schon mein erstes selbst erwählt und ich verspreche dir, dass ihr Quell des Phantasmas es wert sein wird.«

Wie ein lästiges Insekt hatte Pavitra Benthanirs Hand auf ihrem Arm betrachtet und dann leise und gefährlich klingend geantwortet: »Na gut, deine Wahl sei dir gewährt. Aber wage es ja nicht, mich schon bei deiner ersten Mission zu enttäuschen!«

Und so war es tatsächlich passiert, dass Ben tatenlos dabei zusehen musste, wie Benthanir Perle in ihren Träumen verfolgte. Es hatte ihn gequält und innerlich zerfressen, aber kein Schrei von Perle hatte vermocht, diese Kraft in ihm zu entfesseln, die Menas Blick heraufbeschworen hatte.

Endlich habe ich meinen Körper zurück. Jetzt werde ich diesem ganzen Schlamassel ein Ende setzen!

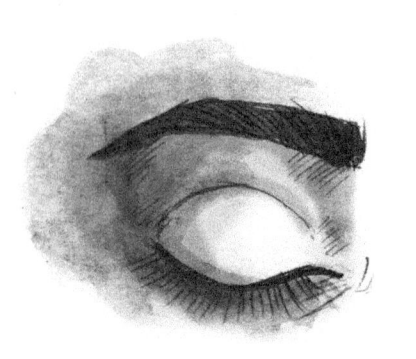

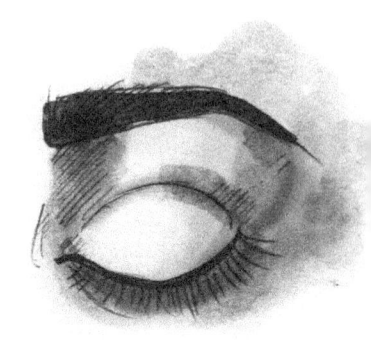

18. Kapitel

Mena

Mena rüttelte an Perles Schultern, bis diese keuchend die Augen aufschlug.

Sofort hellwach schnellte ihr Körper in eine aufrechte Position. »Gott, was ist passiert? Ist etwas mit dem Zauber schiefgelaufen? Es ... es war so dunkel. Ich dachte, er hätte meine Seele und ich werde nie wieder etwas anderes sehen als diese Schwärze.«

Ihre Stimme war atemlos und ihr Brustkorb hob und senkte sich unregelmäßig.

»Ich weiß es auch nicht. Ich glaube, Ben hat den Traum aufgelöst und ist geflohen«, fasste Mena ihre schnell gebildete Meinung zusammen.

Sie sah, wie ihre Freundin einen Moment über die gesagten Worte nachdachte. »Heißt das, Ben will gar nicht gerettet werden? Die Situation wird immer komplizierter«, sagte Perle nach einigen Sekunden mit bedacht.

Das stimmt ...

Mena blickte traurig auf ihre Hände. Sie wusste, dass sie die Hoffnung nicht aufgeben durfte. Die Hoffnung war gleichzeitig ihre Waffe und ihr Schutzschild.

»Ich hatte ja die letzten Male schon das Gefühl, dass er nicht er selbst war. Als ob er vergessen hätte, wer ich bin und was wir hatten.« Ihre Stimme wurde brüchig und sie spürte, wie Tränen sich in ihren Augen sammelten.

Ihre Freundin legte ihr sanft den Arm um die Schulter: »Das wird mit Sicherheit an der Dämonisierung – nennt man das so? – liegen. Und ich bin mir sicher, wenn du den Zauber gesprochen hast und er wieder normal ist, kann er sich an alles, und vor allem an dich, erinnern.«

Mena nickte langsam. Sie war dankbar für die Worte ihrer Freundin, kam aber nicht umhin, sich Gedanken über das weitere Vorgehen zu machen. »Das bedeutet aber auch, dass ich mich die nächste Nacht noch unauffälliger an ihn anschleichen muss, damit er nicht wieder dem Zauber entwischt.«

Sie ließ den Rest unausgesprochen und sah ihre Freundin entschuldigend an. Diese zog die Unterlippe zwischen die Zähne, nickte dann aber entschieden. »Kein Problem, ich werde weiterhin deinen Lockvogel spielen.«

19. Kapitel

Ben

Als sich der Strudel aus Schwärze endlich um ihn herum lichtete, fand Ben sich vor dem verfluchten Dämonenbaum wieder.

Natürlich.

Er versuchte, sich zu konzentrieren.

Mit Sicherheit würden gleich Pavitra und die anderen Tiere kommen und ihn zu der Mission befragen. Wie sollte er sie bloß davon überzeugen, dass sich nichts geändert hatte und er immer noch dieses Monster Benthanir war?

In seinem Hinterkopf breitete sich ein Lachen aus. *Ja, probiere das mal! Ich will gerne sehen, wie du versuchst, mich zu spielen.*

Bens Muskeln verkrampften sich und er schob die Stimme des Anderen schnell beiseite. In der Zeit, in der er handlungsfähig in seinem eigenen Kopf gefangen gewesen war, hatte er gelernt, Benthanirs nervtötendes Gelaber auszublenden. Und was er definitiv ebenfalls in dieser Zeit gelernt hatte, war, dass Einsamkeit etwas Schreckliches und gleichzeitig etwas Wunderbares sein konnte. Es kam nur darauf an, auf was man sie bezog. Oft konnte einen die

Einsamkeit zu Boden drücken, aber in diesem Fall hatte sie ihm eher Flügel verliehen, um Kraft zu sammeln.

Er sah, wie Bewegung in die Gänge zwischen den riesigen Baumwurzeln kam, und setzte seine beste arrogante Miene auf.

Als Pavitra zuerst aus den Höhlen hervortrat, schaute sie ihn prüfend an.

»Du kommst wieder mit leeren Händen«, sagte sie. Es war mehr eine Feststellung als eine Frage.

Ben machte eine wegwerfende Bewegung mit der Hand. »Und? Das Mädchen wurde von irgendetwas geweckt. Dagegen ist noch nicht mal der beste Alpdämon gefeit.«

Die anmutige Katze reckte die Nase in die Höhe und schnalzte mit der Zunge. »Pass nur auf, dass dein großes Selbstbewusstsein auch Früchte trägt, sonst muss ich mir überlegen, was wir mit dir und deinem vorlauten Mundwerk machen.«

Ben hielt sich lässig die flache Hand vor die Stirn. »Aye, aye, Chef.«

Die anderen Tiere, die hinter Pavitra ins Freie hinausgetreten waren, sogen scharf die Luft ein und starrten ihre Anführerin an, um ihre Reaktion auf diese Unverschämtheit unter keinen Umständen zu verpassen.

Er hatte ja schon in der Zeit als Zuschauer bemerkt, dass das Verhältnis der anderen Tiere zu ihrer Anführerin nicht gut war. Der Uhu war wohl ihr engster Verbündeter, aber Ben bezweifelte sehr, dass er sich für Pavitra in die Schlacht werfen würde. Es war definitiv ein gefährliches Geflecht aus Angst und Unterdrückung, welches Pavitra als ihr System bezeichnete. Vanadis war damals vor der Tyrannei dieser Anführerin geflohen und Ben würde seine Hand dafür ins Feuer legen, dass die anderen Tiere es ihm gleichtun würden, wenn sich die Möglichkeit dazu erbot.

Berechnend blickte die Katze Ben an, fing dann aber gespielt an, amüsiert zu lachen, und fügte mit einem eisigen Blick hinzu: »Ich gebe dir noch zwei Nächte. Danach ist meine Geduld am Ende.«

Obwohl es in Ben tobte, schaffte er es, gelassen zu antworten: »Gar kein Problem. Krieg' ich locker hin.«

Während er mit festen Schritten aufrecht an den anderen Tieren vorbei in das verschlungene Innere des Baumes ging, überschlugen sich seine Gedanken.

Wie sollte er fliehen, ohne dass sie es bemerkten? Und viel wichtiger, wie sollte er Mena wiederfinden? Und das alles in zwei Tagen ...

Vor ihm erstreckte sich plötzlich das verworrene Höhlensystem und er stockte. Er hatte durch die Augen des Anderen gesehen, wie sich die einzelnen Gänge verzweigten. Dass sich immer wieder kleinere oder größere Höhlen zu den Seiten hin öffneten, wusste er, doch er hatte nie aktiv aufgepasst und sich den Weg zu seiner Unterkunft gemerkt.

»Verdammt! Lass dir jetzt bloß nichts anmerken«, murmelte er zu sich selbst, während er forschen Schrittes einen der Gänge hinuntereilte. Die Tunnel windeten sich wie Aale durch die weiche Erde zwischen den Wurzeln und schnell wusste Ben nicht mehr, ob er überhaupt weiter in das System hinein- oder schon wieder aus ihm hinauslief. Ein leiser Fluch löst sich von seinen Lippen und Benthanir kicherte gehässig in seinem Geist.

Na, ist wohl doch nicht so einfach, ich zu sein?

Ben ließ sich durch die Stichelei des Anderen nicht beirren und entschied sich nach der nächsten Abzweigung für einen schmaleren Gang, der sich etwas vom Hauptgang in Breite und Beleuchtung unterschied. In so einem Nebengang würde er wenigstens keinem der Tiere über den Weg laufen, während er verwirrt seine Höhle suchte. Er bemerkte, wie der Weg unter seinen Füßen leicht abfiel und weiter ins Innere führte.

Vielleicht war er ja sogar richtig? Machte doch Sinn, dass die Schlafhöhlen tiefer unten lagen.

Zielstrebig lief er um die nächste Ecke und dann einige Schritte weiter, bis er abrupt innehalten musste. In einiger Entfernung vor ihm endete der Gang in einer Sackgasse. Jedoch nicht an einer kahlen Wand – vor ihm erhob sich eine Art Gitter aus Wurzeln. In der Dunkelheit dahinter konnte Ben einen kleinen Raum ausmachen.

Es sah aus wie eine Zelle. Bei diesem Gedanken lief ihm ein kalter Schauer über den Rücken und er wich einen Schritt zurück. Im gleichen Moment sah er, dass sich etwas hinter dem Geflecht aus Holzstäben bewegte.

Ben hielt den Atem an und schlich vorsichtig rückwärts. Er war schon drauf und dran, auf dem Absatz kehrtzumachen und zu verschwinden, als das Etwas in der Zelle ihn erblickte. Eine leise, raue Stimme war zu vernehmen, die gänzlich ohne Emotion fragte: »Wer bist du?«

Ben zögerte. Er war hin- und hergerissen zwischen seinem Fluchtinstinkt und seiner Neugier. Ohne sich von seiner Position zu lösen, flüsterte er: »Mein Name ist Ben. Und wer bist du? Warum bist du hier eingesperrt?«

Die Gestalt richtete sich in ihrer Höhle auf, denn Ben sah einen Schatten an das Gitter treten. Erst schob sich nur eine fahle Hand durch die Stäbe ins Licht, dann brachte die Gestalt ihr Gesicht in Richtung Helligkeit.

»Mein ursprünglicher Name ist Danavas, aber den benutze ich schon sehr lange nicht mehr. Nenn mich bitte einfach Dan.«

Ben musterte das blasse Gesicht des Mannes. Seine Züge waren traurig, doch winzige Lachfältchen um seine Augen zeugten davon, dass er in seinem Leben irgendwann einmal glücklich gewesen war.

Der Mann seufzte und blickte Ben direkt in die Augen: »Und warum ich hier unten eingesperrt bin, ist leider eine etwas längere Geschichte.« Sein Blick wurde undurchdringlich und er musterte den Besucher genau. »Du scheinst mir ein ganz normaler Junge zu sein, warum bist du hier im Heimatbaum der Alpdämonen?«

Ben starrte ihn schweigend an. Er wusste absolut nicht, was er von dieser neuen, unvorhersehbaren Situation zu halten hatte.

Wäre es nicht besser, zu gehen und zu vergessen, dass ich diesen Mann hier unten überhaupt gesehen habe?

Doch wie von einer unsichtbaren Macht wurde er an Ort und Stelle gehalten. Die gebrochenen Augen des Mannes erinnerten ihn zu sehr an seinen eigenen Schmerz und schufen eine Verbindung zwischen ihnen.

Und sind nicht die Feinde meiner Feinde meine Freunde?

Ohne Einfluss darauf zu nehmen, löste er sich aus seiner Starre, trat näher an das Wurzelwerk und betrachtete den Fremden aufmerksam.

»Leider bin ich nicht ganz so normal, wie ich es gerne wäre«, sagte Ben leise.

Der Blick des Mannes flackerte. Eine Art von Verständnis huschte über seine Züge. Irgendetwas an diesem Mann sorgte dafür, dass Ben sich entspannte und das dringende Bedürfnis verspürte, ihm seine Probleme mitzuteilen. Es lag eine Art Vertrautheit in den Zügen und Bewegungen von Dan, sodass Ben letztlich seinen mühsam errichteten Schutzschild fallen ließ.

»Ich bin der Sohn von Vanadis. Ich wurde von ihm geschaffen, um sein Jagdgefährte zu sein. Doch ich konnte die Grausamkeit nicht ertragen. Und dann traf ich eines Tages dieses Mädchen ...«

Als Ben nach einiger Zeit seine Erzählung mit den Worten: »Und jetzt kann ich nicht mehr bei ihr sein und bin dazu verdammt, ihrer Freundin den Quell des Phantasmas auszusaugen«, beendete, breitete sich ein trauriges Schweigen zwischen den beiden Männern aus.

Ben glaubte, einen leisen Fluch von Dan zu hören, als dieser mehr zu sich selbst als zu ihm sagte: »Es wiederholt sich.«

Erstaunt über diese Aussage trat Ben näher an das Geflecht aus Ästen heran und sah Danavas leidenden Gesichtsausdruck in der Dunkelheit.

»Was meinst du damit? Was wiederholt sich?«, fragte er mit erstickter Stimme.

Dans Augen huschten abwesend zurück zu Ben, so als ob er aus einer weit entfernten Erinnerung auftauchte. Ein trauriges Lächeln trat in seine Mundwinkel und er rieb sich die Augen.

Weint er etwa?

»Naja, es wiederholt sich nicht genau ...«, seine Stimme klang belegt, »aber meine Geschichte beginnt und endet auch mit der Liebe zu einer Menschenfrau.«

Bens Augen wurden groß, doch er wagte es nicht, Dan zu unterbrechen.

»Ich kannte deinen Vater Vanadis natürlich. Damals waren wir noch sechs Alpdämonen. So war es von Anbeginn der Zeit und so sollte es auch immer bleiben. Jahrhunderte jagten wir zusammen in dieser funktionierenden Gemeinschaft.

Doch dann entschied Pavitra in ihrer Arroganz und ihrem Größenwahn, dass sie besser sei als wir, und zettelte mit Hilfe der Eule und des Falken eine Revolution an. Sie begann, uns schwächere Tiere zu unterdrücken, und änderte das vom Universum vorgegeben System. Sie setzte sich selbst an die Spitze und ließ die Fledermaus, die Ratte – also deinen Vater – und mich die Drecksarbeit machen.

Wir wurden zu Energiebesorgungsmaschinen degradiert. Aber das war noch nicht genug. Damit wir effektiver würden, schickte sie uns allein auf unsere Missionen. Und bei genauso einem Alleingang passiert es dann auch. Die neue Zielperson war eine alte Dame und ich mietete mir eine Wohnung zwei Straßen von ihrem Haus entfernt. Du weißt ja sicherlich von deinem Vater, wie wichtig es ist, das Opfer im Vorfeld zu studieren, um im Traum keine bösen Überraschungen zu erleben. Also folgte ich ihr – wie auch den anderen Zielpersonen immer – Tag für Tag auf ihren Einkaufstouren und ihren Spaziergängen durch den winzigen Stadtkern dieses tristen Vorwortes. Es war in einem rumpligen Geschäft, so einem, in dem alter Kram verkauft wird, als sich plötzlich meine Welt von einem Moment auf den nächsten veränderte. Ich sah mir irgendwelchen verspielten Kram in einem Regal an, um nicht allzu auffällig zu der alten Dame hinüberzusehen, als sich mir eine weiche Hand sanft auf den Unterarm legte. Eine angenehme Stimme fragte mich, ob ich Hilfe bräuchte. Wunderschöne graue Augen blickten mir aufmerksam entgegen und ich wusste im gleichen Moment, dass sich etwas vollkommen Neues in mir rührte.« Kurz stockte Dan, offensichtlich in Gefühlen versunken.

Dann fuhr er fort: »Mit jeder Begegnung wurde es schlimmer. Mein Herz war erwacht. Ich dachte, ich würde zerspringen vor Empfindungen. Es war verrückt. Nachts kehrte ich zu den Träumen der alten Frau und meinen Gefährten zurück, um ihnen Bericht zu erstatten, und tagsüber lebte ich nur noch für *sie*. Ich führte sie zum Essen aus, lud sie ins Kino ein, ging mit ihr in den Park. Alles, wobei ich die Menschen jahrelang skeptisch beobachtet hatte, tat ich nun selbst. Ich konnte nicht mehr ohne sie sein. Und wollte es auch nicht. Als es dann eines Nachts so weit war, dass ich die alte Dame im Traum erwischte und ihr den Quell des Phantasmas aussaugen sollte, sah ich nur diesen unendlichen Schmerz in ihren Augen und musste unweigerlich an meine Geliebte denken. Ich brach den Energiefluss ab. Ich konnte es nicht mehr tun. Jetzt, da ich den Menschen so viel näher war als meinen Dämonengefährten, erschien es mir wie das größte Verbrechen überhaupt. Ich zog mich zurück, unsicher wie ich nun weitermachen sollte und zwischen den Welten hin- und hergerissen. Für meinen Kopf fühlte es sich an wie Versagen, doch mein Herz hatte längst entschieden, dass ich alles Erdenkliche tun würde, um ein normaler Mensch zu werden, um mit meiner Geliebten zusammen sein zu können.«

Ben hatte mit flatterndem Herzen den Ausführungen des Mannes gelauscht, doch nun zerbrach sein winziger Funken Hoffnung in tausend kleine Teile. »Aber du hast es nicht geschafft, sonst wärst du nicht hier«, stellte er traurig fest.

Verständnisvoll lächelt Dan. »Doch, ich habe es geschafft. Nur leider stand mir nicht nur die Menschlichkeit im Weg. Aber eins nach dem anderen. Es war tatsächlich die alte Dame – mein letztes Opfer, die mich schlussendlich zum Menschen machte. Sie bekam von meinem Leiden Wind und fand einen Zauber, um mich von meinen dämonischen Kräften zu befreien. Es war wie ein Wunder. Ich fand mich in der realen Welt wieder und konnte das Leben mit meiner Geliebten leben, das ich mir immer gewünscht hatte.«

Bens Hände waren klamm geworden und kalte Schauer huschten über seine Haut. *Kann das sein? Mena hat auch etwas von einem Zauber gesagt, oder? Aber wenn dieser Zauber doch tatsächlich funktioniert, warum ist Dan dann hier?*

Der Mann hatte den fragenden Blick seines Gegenübers bemerkt, denn er senkte niedergeschlagen die Augen und sprach leise weiter: »Jahrelang ging alles gut. Ich suchte mir einen Job, meine Geliebte und ich zogen zusammen, heirateten und sogar ein Kind konnte unser Familienglück krönen. Doch ich hatte mich offensichtlich zu sicher gefühlt, hatte nicht damit gerechnet, dass Pavitra nicht lockerlassen und mich nach all den Jahren doch noch aufstöbern würde.« Bei den letzten Worten hatte sich Dans Blick verdunkelt und eine wilde Wut zog sich über seine Züge. »Ich war auf dem Weg zum Einkaufen, als sie mich durch eins ihrer Portale zurück in die Albtraumwelt zog und mich hier unten einsperrte.«

Ben erschauerte und warf unwillkürlich einen ängstlichen Blick über die Schulter. »Aber warum hat sie das getan?«

Ein abfälliges Schnauben ertönte aus der Zelle. »Weil ich unsere Sippe verraten habe und mich den niederen Menschen angeschlossen habe. Aber hauptsächlich wahrscheinlich, weil ich sie um einen ihrer wertvollen Energieversorger gebracht habe. Ich habe ihr System geschwächt und das konnte sie nicht auf sich sitzen lassen. Du kannst dir gar nicht vorstellen, wie wütend sie geworden ist, als sie gemerkt hat, dass ich meine Kräfte eingebüßt habe und so nicht weiter von Nutzen für sie sein konnte. Wie eine Furie ist sie auf mich losgegangen.« Dan krümmte sich leicht zusammen und rieb sich über die Oberarme. »Aber das ist alles schon so lange her, eigentlich tut es nichts mehr zur Sache. Ich werde meinen menschlichen Lebensabend hier unten verbringen und mich an die schönen Jahre erinnern, die mir gewährt wurden.«

20. Kapitel

Mena

Mit abwesendem Blick saßen die beiden Mädchen einander am Küchentisch gegenüber, als Menas Mutter zum Frühstück erschien.

Nachdem Perle sie so unsanft aus dem Schlaf gerissen hatte, hatte Mena den Frühstückstisch mit Cornflakes und Obst schon früher als sonst eröffnet.

Müde hob Perle den Kopf. »Guten Morgen, Frau Sambale. Haben Sie gut geschlafen?«

Menas Mutter schien die tiefen Augenringe von ihnen zu bemerken, besorgt sah sie sie an. »Besser als ihr beide wohl auf alle Fälle«, stellte sie besorgt fest, ihr Blick richtete sich auf Mena. »Mena, können wir uns kurz einmal im Wohnzimmer unterhalten?« Auffordernd nickte sie in Richtung Flur.

Mena blinzelte irritiert, bis ihr schlaftrunkenes Gehirn die Information verarbeitet hatte.

»Klar«, antwortete sie gedehnt und erhob sich zögerlich. Beim Hinausgehen warf sie Perle einen verwirrten Blick zu und zuckte unwissend mit den Schultern.

Sobald sie vom schmalen Flur aus das Wohnzimmer betreten hatten, zischte ihre Mutter ihr zu: »Mena, so geht das nicht. Ihr seht beide aus, als hättet ihr eine Woche nicht geschlafen. Ich habe die Verantwortung. Auch für Perle, wenn sie hier ist. Ihre Großeltern haben mich gestern schon angerufen und gefragt, ob alles okay sei.« Sie zögerte und blickte ihre Tochter dann mit einem etwas sanfteren Blick an. »Ist denn alles okay? Ich meine, ich verstehe, dass du Ablenkung durch deine Freundin brauchst, nachdem Ben und du anscheinend Probleme habt, aber du kannst auch immer mit mir reden. Ich habe schließlich auch meine große Liebe verloren und kann dir vielleicht den einen oder anderen Rat geben. Weißt du, Verzweiflung ist nichts Schlimmes. Sie zeigt uns nur, dass wir die Lösung zu einem Problem einfach noch nicht gefunden haben.«

Wie durch ein feines Sieb sickerten die Sätze ihrer Mutter in Menas Bewusstsein.

Was soll das denn jetzt werden? Ein Mutter-Tochter-Gespräch auf leeren Magen? Darauf kann ich gut verzichten ...

Selbst wenn sie gewollt hätte, würde ihre Mutter ihr die Probleme, die sie mit Ben hatte, sowieso nie im Leben glauben.

Ein winziger Funken Wut bildete sich in Menas Organismus. Die Erschöpfung machte ihr zu schaffen und ließ sie leicht reizbar zurück. Die Antwort, welche viel zu schnell von Menas Lippen perlte, bereute sie sofort.

»Ach, komm. Du hast deine Liebe nicht verloren. Papa hat dich verlassen. Das ist etwas völlig anderes!«

Verdammt!

Mena sah, wie die Gesichtszüge ihrer Mutter leicht zuckten und ein verbitterter Ausdruck an die Stelle der vorherigen Sanftheit trat. Der jahrealte Schmerz schien in Sekundenschnelle ihren ganzen Körper zu übernehmen. Ihre Schultern wurden hart und enttäuscht funkelte sie ihre Tochter an. »Das meinst du doch wohl nicht ernst?«

Mena sackte in sich zusammen. Wie blöd war sie denn, die Geschichte mit ihrem Vater auf den Plan zu rufen? Sie wusste doch, wie empfindlich ihre Mutter bei diesem Thema war, nachdem sie damals von den Polizisten überhaupt nicht ernstgenommen wurde. Ihre Mutter glaubte immer noch daran, dass ihr Mann sie auf keinen Fall freiwillig verlassen hatte. Die Geschichte mit der Entführung hatte ihr bis heute niemand geglaubt und das setzte ihr wahnsinnig zu.

Ohne eine Antwort von ihrer Tochter abzuwarten, sprach Menas Mutter mit einem energischen Kopfschütteln weiter: »Mit dem Übernachtungsbesuch ist jetzt auf jeden Fall erst mal Schluss. Perle soll ihre Schlafsachen mit zur Schule nehmen und danach zu ihren Großeltern fahren. Wenn du dich wie ein Kind aufführst, wirst du auch wie eins behandelt.«

Mena erstarrte. *Das kann sie doch nicht tun! Nicht jetzt, wo wir so nah an der Lösung dran sind. Außerdem – was passiert mit Perle, wenn ich sie nicht beschützen kann?*

»Dann werde ich bei Perle schlafen, wenn es dich stört, dass sie hier ist!«, schleuderte Mena ihrer Mutter giftig entgegen, obwohl sie genau wusste, dass das nicht der Punkt war.

Aufgebracht hob diese den Zeigefinger: »So war das nicht gemeint, und das weißt du ganz genau. Ich verbiete dir, dass du bei ihr schläfst und fordere, dass du heute nach der Schule direkt nach Hause kommst. Und damit basta.«

Blind vor Wut machte Mena auf dem Absatz kehrt und stapfte mit polternden Schritten zurück in die Küche.

Perle sah ihrer Freundin mit großen Augen entgegen. Bei der Lautstärke der Auseinandersetzung hatte sie wahrscheinlich jeden Satz gehört. Mena bedeutete ihr, ihre Tasche zu nehmen, und die zwei verließen mit knallenden Türen das Haus.

»So eine Scheiße!«, fluchte Mena, während sie so in die Pedale ihres Fahrrads trat, dass ihre Waden heiß brannten. »Was machen wir denn jetzt?!«

Perle radelte nach Luft ringend hinter ihr her und keuchte: »Dann müssen wir uns einen anderen Ort suchen, wo wir schlafen können.«

»Du hast sie doch gehört, ich muss zu Hause sein. Das wird sie hundertprozentig kontrollieren«, gab Mena ihrer Freundin verbittert zu bedenken.

Perle verdrehte die Augen. »Ja, ich bin nicht doof. Aber du kannst ja wohl ein bisschen dein Schauspieltalent einsetzen und deinen abendlichen Rhythmus vortäuschen, oder? Und wenn deine Mutter schläft, schleichst du dich einfach aus dem Haus.«

Menas Fahrt wurde etwas langsamer, während sie über diese Möglichkeit nachdachte.

Das könnte funktionieren ...

Sie warf Perle einen entschuldigenden Blick zu und sagte versöhnlicher: »Sagen wir gegen Mitternacht in der alten Fabrik?«

21. Kapitel

Final Countdown

In der Schule hatten Perle und Mena noch ein wenig an ihrem Vorhaben gefeilt, mehr um den langatmigen Schultag hinter sich zu bringen als dass es sie wirklich sinnvoll voran brachte in ihrem Plan.

Danach hatte Mena mit ihrer Mutter schweigend zu Abend gegessen. Nicht nur, dass sie selbst sauer über das Übernachtung-Verbot war, sie merkte auch, wie ihr unüberlegter Satz vom Morgen eine tiefe, schon längst verkrustete Wunde in ihrer Mutter wieder aufgerissen hatte. Appetitlos hatte Mena in ihren Nudeln herumgestochert und sich geschämt.

Als Mena sich nach einem kurzen *Wer-wird-Millionär-Intermezzo* ins Bett verabschiedete, war es gerade einmal 22:00 Uhr.

Während sie die Treppe nach oben ging, hoffte sie inständig, dass ihre bewusst platzierten Gähner auch ihre Mutter hatten müde werden lassen.

In voller Montur legte sie sich unter die Bettdecke, falls ihre Mutter tatsächlich auf die aberwitzige Idee kommen sollte, nach ihr zu sehen, bevor sie selbst schlafen ging.

Kurz überlegte sie zu lesen, doch dann schob sie sich die Stöpsel ihres iPods in die Ohren. Musik beruhigte sie immer am besten.

Sofort umhüllte sie der wohlige Klang eines ihrer Lieblingslieder wie ein samtenes Tuch. Die Melodie wurde zum Soundtrack ihrer Erinnerung. Alles um sie herum verschwamm und übrig blieb nur die Musik.

Es kam ihr vor, als sei es ewig lange her, dass sie einfach dagelegen und einer Melodie gelauscht hatte. Obwohl sie das oft mit Ben zusammengetan hatte, jeder mit einem Stöpsel im Ohr. Schweigend hatten sie so ihre Leidenschaft geteilt. Sie liebte Ben so sehr dafür, dass er in Gitarrenriffs genauso Zuflucht fand wie sie. Auch jetzt verwischten die Lieder wieder zu einem einzigen langen Song, welcher sie beruhigte und ihr Halt gab.

Mit einem dumpfen Ziehen im Bauch blinzelte Mena zu ihrem Digitalwecker. Beinahe eine Stunde war schon vergangen, bald müsste auch ihre Mutter ins Bett gehen. Mena zog sich einen der Stöpsel aus den Ohren und lauschte ins Haus hinein. Dumpf vernahm sie das Geplapper des Fernsehers, bis schließlich die Abschlussmelodie der ›Wer-wird-Millionär‹-Musik ertönte.

Danach schaltet Mama in der Regel den Fernseher aus.

Mena hielt kurz den Atem an.

Das Brummen der Stimmen aus dem Abspielgerät erstarb und nach kurzer Stille hörte sie die Schritte ihrer Mutter auf der knarrenden Holztreppe. Mena schaltete den iPod aus, um keinen Gang ihrer Mutter zu verpassen. Sie folgte auf ihrer gedanklichen Karte durchs Haus den leisen Bewegungen.

Unter fast geschlossenen Augenlidern konnte sie sehen, wie das einfallende Licht vor ihrer Tür von dem Schatten ihrer Mutter unterbrochen wurde. Angespannt beobachtete Mena, wie die Türklinke sich langsam nach unten bewegte, um dann auf halbem Weg innezuhalten. Eine lange Sekunde passierte nichts, bis die Klinke wieder hinaufwanderte. Mena atmete erleichtert auf.

So weit vertraut sie mir doch noch.

Sie hörte, wie das Wasser im Badezimmer rauschte und sich ihre Mutter danach in ihr Schlafzimmer begab. Jetzt hieß es kurz abwarten, bis sie auch mit Sicherheit eingeschlafen war. Menas Blick flog zurück zum Wecker.

Mist, es ist schon 23:30 Uhr! Ich kann nicht länger warten.

Vorsichtig stieg sie aus dem Bett. Mit einem kurzen Griff in die Kängurutasche ihres Hoodies prüfte sie, ob sich der Zettel mit dem Zauberspruch darin befand. Er war noch an Ort und Stelle und Mena krallte sich an ihn wie an einen rettenden Anker.

Sie zählte die endlosen Sekunden, bis sie sich sicher genug fühlte, um an dem Schlafzimmer ihrer Mutter vorbeizuschleichen.

Ihre Zimmertür gab unter dem sanften Druck ihres Körpers nach und schwang lautlos auf. Mucksmäuschenstill ließ Mena sich in den Flur gleiten und schlich auf Zehenspitzen zur Treppe. Langsam ging es Schritt für Schritt nach unten.

Geschafft.

Sie schnappte sich ihre Chucks und tapste auf Socken zur Haustür. Als sie nach vorsichtigem Öffnen der Tür im Freien war, entspannten sich ihre Muskeln.

Voller Eifer streifte sie sich ihre Turnschuhe über und ließ die Tür – leider mit etwas zu viel Elan – hinter sich ins Schloss fallen. Der laute Knall, der daraufhin ertönte, ließ ihr das Blut in den Adern gefrieren.

Verdammt! Wie konnte ich nur so blöd sein? Das wird meine Mutter auf jeden Fall gehört haben. Nun muss ich schnell sein!

Kopflos stürzte Mena los und rannte die Straße hinunter. Ärger würde es mit Sicherheit geben, aber diese Nacht und die damit zusammenhängende Mission durfte nicht gefährdet werden.

22. Kapitel

Mitternachts-Date

Als Mena gehetzt das muffige Stofflager der Fabrik betrat, war Perle schon fleißig am Umräumen und dabei, Vorbereitungen zu treffen.

»Da bist du ja endlich. Ich hatte schon Angst, dass du dir meinen Koffeinrat nicht zu Herzen genommen hast und eingepennt bist«, kicherte ihre Freundin.

Perle hatte das Lager, auf dem Ben vor ein paar Tagen noch gelegen hatte, vergrößert, sodass die beiden Mädchen problemlos nebeneinanderliegen konnten. Außerdem hatte sie einige Kerzen mitgebracht und entzündet.

»Damit unsere Handys von der ewigen Taschenlampenfunktion nicht den Geist aufgeben und wir im Notfall doch noch die Polizei oder einen Krankenwagen rufen können«, erklärte sie.

Mena schnaubte. »Ich hoffe sehr, dass wir auf diese Möglichkeit verzichten können. Aber trotzdem gute Idee mit den Kerzen. So kommt schon fast romantische Stimmung auf.« Sie zwinkerte ihrer Freundin spielerisch zu, um die angespannte Stimmung aufzulockern.

»Mist, hätte ich gewusst, dass du so eine Romantikerin bist, hätte ich uns auch noch eine Pizza gebacken und etwas von einem italienischen Schnulzensänger aufgelegt«, stieg Perle gekonnt auf Menas Scherz-Vorlage ein.

»Bäh«, entfuhr es Mena sofort ohne Kontrolle.

Gerne hätte ich das Spielchen etwas weiter mitgespielt. Aber wenn es um Schnulzen geht, hört der Spaß auf!

Perle brach in ein schallendes Gelächter aus. »Ach, Mena, ich weiß doch immer, wie ich dich kriege. Beim Thema Musik verstehst du einfach keinen Spaß und kannst nicht aus deiner Haut.«

Nun musste auch Mena grinsen und knuffte ihrer Freundin liebevoll in den Bauch. »Na gut, du Spaßvogel, du hast gewonnen. Aber jetzt mal Butter bei die Fische. Wir haben schließlich eine Aufgabe zu erledigen.«

Perle salutierte und schlug die Hacken zusammen. »Jawohl, Chef!«

Mit diesen Worten krabbelte sie bäuchlings auf das Lager und klopfte mit der flachen Hand auf die Kuhle neben sich. Mena kam der stillen Aufforderung nach und ließ sich neben sie sinken. Die beiden sahen sich noch einmal entschlossen in die Augen und nickten.

»Na dann, gib mir mal dein kleines Patschehändchen«, forderte Perle und verschränkte ihre Finger in denen von Mena. »Wir sehen uns auf der anderen Seite!«

Als Mena die Augen wieder aufschlug, stand Perle bereits quietschfidel neben ihr. Stöhnend rieb sie sich die Schläfen. Dieses ganze Durch-die-Träume-Reisen war auf Dauer anstrengend.

»Und wo hast du uns dieses Mal hingeträumt?«, stellte sie gleich die wichtigste Frage, bevor sie überhaupt versuchte, sich zu orientieren.

»Es ist einfach fantastisch«, strahlte ihre Freundin sie an. Mena ließ den Blick um sich schweifen, konnte aber das Fantastische nicht genau ausmachen, von dem Perle so schwärmte. Was ihre Augen ihr vermittelten, war eine öde Landschaft aus grauem Stein und über dieser erstreckte sich Dunkelheit.

»Äh ...«, setze sie irritiert zu sprechen an, als Perle sie an den Schultern packte und einmal um die eigene Achse drehte. Nun klappte Mena die Kinnlade runter. »Oh Gott! Ist das ...?«, stotterte sie.

»Ja. Das ist die Erde«, vervollständigte Perle begeistert Menas Gedanken. »Wir sind auf dem Mond! Ist das nicht der Wahnsinn? Es war schon immer mein Traum ins All zu fliegen und unseren schönen Planeten von oben zu sehen, aber hättest du es dir so fantastisch vorgestellt?«

Mena war sprachlos. Sie erkannte, dass die Dunkelheit auf den zweiten Blick viel heller erschien. Abertausende von Sternen funkelten ihr entgegen und hinter dem Horizont erhob sich in strahlend satten Farben die Erde. Sie konnte sogar die einzelnen Kontinente ausmachen. Wolkenschwaden zogen über das tiefe Blau der Ozeane und die flimmernde Atmosphäre schien wie ein glitzerndes Band, um die Kugel gespannt zu sein. Es war atemberaubend schön.

Eine Gänsehaut zog sich über Menas Arme. Plötzlich war sie, trotz aller Probleme, die diese Träume mit sich brachten, dankbar, so etwas zu sehen. Sie ergriff Perles Hand und flüsterte andächtig: »Du bist echt eine traumhafte Träumerin.«

Gerührt schmunzelte diese und stieß ihre Schulter spielerisch gegen Menas. »Ganz schön verrückt, was wir zusammen erleben. Wenn wir das irgendwann mal unseren Enkelkindern erzählen ...«

Mena nickte, wurde aber bei dem Gedanken an Perles Zukunft wieder ernst und räusperte sich. »Spürst du Bens Gegenwart denn schon?«

Perle hielt kurz inne und fühlte in sich hinein. »Nein, gar nichts.« Sie schien verwirrt. »Irgendwie merkwürdig, sonst hatte ich zumindest immer eine Art Vorahnung, dass etwas passieren würde, aber heute ist da nur Leere.«

Mena runzelte besorgt die Stirn. »Naja, vielleicht ist es einfach noch zu früh. Warten wir mal ab.«

Die beiden setzten sich zögerlich in Bewegung und gingen vorsichtig auf der Oberfläche des Mondes entlang. Es fühlte sich seltsam an, auf diesem bröseligen Sand herumzulaufen und Fußspuren zu hinterlassen. Mena schmunzelte.

Ein kleiner Schritt für mich, ein großer Schritt für die Menschheit.

Kleine und große Krater kreuzten ihren Weg und sie mussten Schlangenlinien laufen, um nicht hineinzurutschen. Immer wieder warf Mena ihrer Freundin prüfende Blicke von der Seite zu, die diese mit einem entschuldigenden Schulterzucken abtat.

Hat es jemals so lange gedauert, bis ein Alp sich gezeigt hatte?

Auch Perle wurde mit jeder verstreichenden Minute unruhiger.

»Irgendetwas ist komisch, oder? Sollte ich nicht zumindest schon das Gefühl haben, verfolgt zu werden? Selbst wenn es an dir liegt, dass er sich nicht nah an mich herantraut, habe ich doch zumindest sonst seine Anwesenheit gespürt. Meinst du, irgendwas ist passiert?«

Mena kaute schmerzhaft auf der Innenseite ihrer Wange. Vor ihnen erhob sich ein kleiner Hügel. Schweigend erklommen die beiden Mädchen die Erhebung.

Frau Behring sagte doch, dass ihr Alp damals trotzdem in ihrer Traumwelt anwesend war, obwohl er den Auftrag nicht beenden wollte. Selbst wenn Ben unsere Hilfe nicht will, müsste es irgendwo hier sein.

Als sie die Spitze des kleinen Hügels erreichten, blickte Mena sich um.

Vielleicht gibt es hier ein Versteck oder etwas ähnliches, wo er sich verbirgt?

Ihr Blick glitt über den tristen Horizont und ihr fiel an einer Stelle ein unregelmäßiges Flackern auf. Beinahe, als wäre die Atmosphäre an dieser Stelle anders. Wie Schuppen fiel es Mena plötzlich von den Augen.

Natürlich!

»Ich glaube, ich weiß, wo er ist und wie ich ihn finde«, stieß sie aufgeregt hervor.

»Ach ja?«, fragend folgte Perle Menas Blick und kniff suchend die Augen zusammen. Verwirrt zog sie die Stirn kraus. »Also ich sehe ihn nicht.«

Mena schüttelte leicht den Kopf und zeigte mit ausgestrecktem Arm auf die Stelle, die sie meinte. »Nein, Ben sehe ich auch nicht. Aber da vorne ist das Portal in die Welt der Alpdämonen. Das, was ich in dem Jahrmarkttraum auch gesehen haben. Siehst du die Fläche, wo sich am Himmel die Sterne leicht verzerren?«

»Oh«, brachte Perle heiser hervor. »Das ist ja der Wahnsinn.« Schnell setzte sie sich in Bewegung und lief auf den gezeigten Punkt zu. »So gruselig es ist, ein Portal in eine Dämonenwelt vor sich zu haben, so faszinierend ist es auch!«

Mena beeilte sich, ihr hinterherzukommen. Sie fand es weniger faszinierend als gefährlich, ließ sich aber nichts anmerken. Anstatt Ben allein zu erwischen, liefen sie in der anderen Welt Gefahr, auch den anderen Alpdämonen über den Weg zu laufen.

Als sie kurz vor dem Portal waren und zügigen Schrittes darauf zu hielten, schrie Perle auf einmal auf und prallte zurück. Mena stolperte verblüfft in den Rücken ihrer Freundin. Mit einem leisen Fluch schimpfte sie: »Was ist? Warum bleibst du stehen?«

Stockend sagte Perle: »Nein, ich ...« Sie hob zögernd die Hand. Es sah so aus, als ob diese kleine Bewegung sie alle Kraft kosten würde. Schweißperlen traten auf ihre Stirn.

»Perle, ist alles in Ordnung? Was ist denn los?«, fragte Mena mit besorgter Stimme

»Es ist merkwürdig. Aber ich glaube, ich kann nicht ...«, brachte Perle stockend hervor und versuchte, einen Schritt nach vorne zu tun. »Es ist, als ob die Luft sich verdichtet hätte und eine unsichtbare Mauer vor mir stehen würde. Ich kann nicht weitergehen.« Verzweifelt warf sie Mena einen Blick zu.

Zögernd streckte Mena ihre Hand aus, fuhr aber problemlos an der von Perle vorbei. Sie konnte keinen Widerstand bemerken.

Die Augen ihrer Freundin wurden groß. »Wie kann das sein? Du kannst weitergehen? Es ist, als ob dich das Portal akzeptiert und mich nicht.«

Mena wurde abwechselnd heiß und kalt. Sie wollte ihrer Freundin antworten, merkte jedoch, wie ihr Körper etwas anderes vorhatte. In Sekundenschnelle wechselte sie ihre Gestalt, ohne es zu wollen. Es verschlug ihr kurz den Atem, als sie plötzlich wieder dieser kleine Vogel vom letzten Mal war. Sie flatterte aufgeregt vor dem Gesicht ihrer Freundin hin und her.

»Mena«, setzte Perle zu sprechen an und starrte sie verblüfft an. »Wie hast du das gemacht?« Sie hob die Hand, um Mena in dieser Gestalt zu berühren. Etwas ungelenk landete sie auf einem von Perles ausgestreckten Fingern.

Ich habe selbst keine Ahnung, wie ich das gemacht habe. Aber genau das ist das letzte Mal in der Nähe des Portals auch passiert.

Perle betrachtete sie eingehend. Ihre Augen waren riesig aus Menas neuer Perspektive – so groß wie Untertassen.

»Du siehst aus wie sie ...«, murmelte diese fasziniert.

Was meint sie damit? Ich sehe aus wie wer?

Mena gab ein unwirsches Zwitschern von sich, woraufhin Perle leicht den Kopf schüttelte und sich zusammenriss. »Ich meine, du bist eine schwarze Schwalbe und dein Gefieder scheint bläulich zu wabern. Du weißt schon, was ich damit meine. So wie bei Bens und Vanadis Schattengestalt auch«, fasste sie, nach einem Räuspern, sachlich zusammen. Mena versuchte, an sich hinunterzublicken, was ihr jedoch wegen ihres nicht vorhandenen Halses nicht gelang.

Was hat das denn schon wieder zu bedeuten?

Perle merkte wohl, dass sie unruhig wurde, da sie von einem Bein aufs andere trat.

»Ganz ruhig«, sagte sie mit sanfter Stimme. »Sieh es doch mal so: Eine bessere Tarnung, um in die Welt der Alpdämonen vorzudringen, als wie ein Alpdämon auszusehen, gibt es nicht. Lass dich davon also nicht beirren und denke an deine Mission. Ich werde ja nun wohl oder übel hier warten müssen.« Bedauern schwang in ihrer Stimme mit, als sie die Hand vor der unsichtbaren Barriere löste. »Ich versuche, den Traum so lange wie möglich aufrechtzuerhalten, damit du genug Zeit hast, um Ben zu finden.« Mena gab ein helles Zwitschern als Zustimmung von sich.

Perle hat recht, die Chancen stehen in dieser Gestalt gut, und was nützt es, wenn ich mir jetzt wegen diesem Gestalten-Wandler-Ding Sorgen mache. Darüber kann ich mir noch den Kopf zerbrechen, wenn Ben ein normaler Mensch ist.

Mit zwei kräftigen Flügelschlägen erhob sie sich in die Luft und umkreiste noch einmal zum Abschied den Kopf ihrer Freundin.

»Viel Glück!«, rief diese, als Mena schon ihren Flug zum Portal begann.

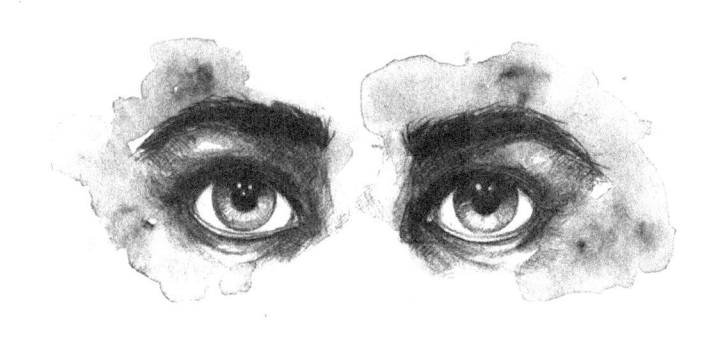

23. Kapitel

Ben

Als Ben sich auf den Weg zu Danavas machte, bemerkte er das mittlerweile bekannte Ziehen, das ihm einen sich ausbreitenden Traum seines Opfers ankündigte. Es fühlte sich an wie eine Sehnsucht, die ihn innerlich zu zerreißen drohte. Doch diesmal konnte er diesem Drang nicht nachgeben.

Nicht ohne Dan!

Er musste sich mit aller Kraft konzentrieren, um gegen das Flackern vor seinen Augen anzukämpfen. Sein Körper wollte unwillkürlich die Teleportation in Perles Traum einleiten. Schnellen Schrittes setzte Ben seinen Weg durch die Tiefen des Baumes fort. Gott sei Dank hatte er sich beim letzten Mal den Weg zu dem Gefangenen gut eingeprägt. So fand er auch schnell den richtigen Gang und hetzte ihn hinunter.

Ob Pavitra schon bemerkt hat, dass ich meinem Job nicht nachgehe? So oder so muss ich mich beeilen.

Als sich nach einigen Minuten die knorrigen Gitterstäbe vor ihm erhoben, atmete er erleichtert auf.

»Danavas?«, flüsterte er eindringlich. »Ich bin's, Ben.«

Die Schatten in der Zelle kamen in Bewegung und Dans Gesicht zeigte sich in dem dumpfen Licht des Ganges.

»Junge, was tust du hier?«, fragte er nur tonlos. »Warum bist du nicht bei deinen Freundinnen und lässt dich von diesem verdammten Schicksal hier befreien? Für dich ist es noch nicht zu spät – das hatten wir doch schon besprochen.«

»Ich bin hier, weil ich dich mitnehmen werde, damit sie uns beide hier rausholen können«, sagte er entschlossen.

Ich werde mich auf keinen Fall von diesem Vorhaben abbringen lassen. Auch wenn ich ihn erst kurz kenne, dieser Mann ist mein Freund, ein Verbündeter mit gleichem Schicksal.

Dans Blick wurde traurig. »Kleiner, das ist sehr ehrenhaft von dir ... aber sinnlos. Wie willst du mich denn hier rausbekommen?« Er deutete auf die Gitterstäbe. »Und selbst wenn du mich aus der Zelle befreien kannst, wie wollen wir dann fliehen? Ich bin doch längst ein ganz normaler Mensch. Das bedeutet, dass ich mich auch nicht mehr teleportieren kann.«

Mist! Ben schürzte die Lippen. Er hatte sich nur Gedanken um die Gitterstäbe gemacht und nicht weiter. Wenn sie durch die Hauptgänge aus dem Baum hinauskamen, würde Pavitra sie auf jeden Fall erwischen.

Störrisch schüttelte Ben trotzdem den Kopf und sagte: »Darüber machen wir uns erst Gedanken, wenn du frei bist. Ich lasse dich hier nicht verrotten. Vergiss es.«

Mit dem letzten Satz setzte er zum Sprung an und verwandelte sich in der Luft in seine Schattengestalt – den Fuchs. Er kam nah vor den knorrigen Gitterstäben auf dem Boden auf und schlug sofort seine kleinen spitzen Zähne in die massiven Wurzeln. Biss um Biss riss er das Gefängnis nieder.

24. Kapitel

Das Ende der Suche

Mena spürte wieder dieses allumfassende Kribbeln, als sie durch das Portal schoss. Wie ein Blitz glitt sie durch die Luft und hätte am liebsten laut aufgejauchzt – was ihr in Anbetracht der Lage aber mehr als unpassend erschien. Es fühlte sich viel besser an als beim letzten Mal, die Gestalt eines Vogels zu haben. Sie hatte das Gefühl, diesen Körper schon etwas mehr zu kennen und auf eine merkwürdige Art schien er sie komplett zu machen. In unglaublichem Tempo sauste sie auf den Waldrand am Horizont zu. Sie wusste genau, wo sie hinmusste.

Seit sie das Portal hinter sich gelassen hatte, nahm sie Bens Anwesenheit wahr wie ein verlorenes Stück von sich selbst. Ein unsichtbares Band zog an ihr. Merkwürdigerweise hatte sie diese Verbindung vorher in keinem der Träume gespürt ...

Ein hoffnungsvolles Flattern setze sich in ihre Brust. Als die ersten Baumkronen unter ihrem kleinen Körper in die Höhe ragten, verlangsamte sie ihren Flug. Mit aufmerksamem Blick suchte sie nach dem gigantischen Baum mit dem pinkfarbenen Lichtschein.

Weit weg kann er nicht sein. Sie zog einen rasanten Bogen über die Blätter, bis sie es im Augenwinkel leuchten sah. Sofort lenkte sie ihren Körper wie ein Geschoss auf die Stelle zu.

Wie beim letzten Mal, musste sie bei dem Anblick des Alpunterschlupfs nach Luft schnappen. In einigen Metern über den Eingängen zwischen den Wurzeln blieb sie flatternd in der Luft stehen. Erkundend huschten ihre Augen über die freie Fläche vor dem Baum und die einzelnen Eingänge. Sie entdeckte keinen der Alpdämonen – auch Ben nicht. Wie ein kleiner Flummi hüpfte ihr Herz in ihrer Brust. Das unsichtbare Band zu Ben sagte ihr unmissverständlich, dass sie sich in seiner Nähe befand.

Ist er im Baum? Sie presste ihren Schnabel fest zusammen. *In das Hauptquartier eines Dämonenrudels zu fliegen, ist ja jetzt nicht gerade mein Traum.*

Trotzdem setze sie zu einer hohen Kurve an, um steil in einen der Eingänge hineinzufliegen, als sich plötzlich das pinke Licht aus den Gängen in Bewegung setzte.

So ein Mist!

Schnell tat sie einige energische Flügelstöße und verbarg sich, eng an den Stamm des riesigen Baums geklammert, vor entdeckenden Blicken. Die Eule und die Katze erschienen auf dem Platz vor dem Baum und redeten miteinander.

»Er ist einfach noch nicht so weit. Er ist nur aufgeblasen und übereifrig. Bestimmt wird er das Mädchen auch heute Nacht nicht zur Strecke bringen«, sprach die Eule.

Angespannt hielt Mena die Luft an, um ja keine Silbe des Gespräches zu verpassen.

Die Katze fauchte grimmig. »Ja, den Eindruck habe ich mittlerweile auch. Ich habe das Gefühl, dass er uns etwas verschweigt. Und du weißt, dass das sehr schlechte Erinnerungen in mir hervorruft.«

Der Ton der Katze war so scharf, dass sich bei Mena die Nackenfedern aufstellten.

Auch die Eule hatte ihren Kopf eingezogen. Beruhigend redete sie auf die Katze ein: »Nein, Pavitra, so etwas wie damals wird nie wieder passieren. Wie auch? Benthanir ist einfach nur unerfahren und gesteht sich seine eigene Niederlage nicht ein, darum verhält er sich so.«

So etwas wie damals? Mena wurde hellhörig. *Meinen die zwei etwa die Situation mit Frau Behring und dem Zauber? Dann liege ich mit meiner Vermutung richtig, dass Pavitra die grausame Anführerin aus der Geschichte ist.*

Leider wanderten die beiden Tiere weiter vom Baumstamm weg und Mena konnte ihre Stimmen nicht mehr vernehmen.

Egal, lass es gut sein, rief sie sich selbst zur Ordnung. *Jetzt ist die Chance da, ungesehen in den Baum hineinzukommen. Also los.*

Menas Herzschlag pulsierte wie verrückt. Sie wartete ab, bis sie sicher sein konnte, unbemerkt in den Eingang des Baums zu fliegen. Lautlos erhob sie sich wieder in die Lüfte, um wie ein Blitz in einem der Gänge zu verschwinden.

Das pinke Licht umschloss sie wie eine Wolke aus Zuckerwatte. So schnell, wie sie den Gang entlangflog, erkannte sie kaum, woraus er gemacht war, geschweige denn wohin er führte. Ihr Herz raste vor Adrenalin, trotzdem drosselte sie die Geschwindigkeit und fühlte in sich hinein. »So, du komisches Verbindungsband. Dann tu mal das, was du tun sollst, und führe mich zu Ben«

Und tatsächlich merkte sie, wie plötzlich etwas in ihr zupfte. Dieses Etwas zog sie in die Tiefen des Baumes.

Na super. Immer weiter hinein in die Höhle des Löwen.

Achtsam flog sie um Kurven und Biegungen und lauschte auf nahende Gefahren. Nach einigen langen Minuten flog sie an einem schmalen Gang vorbei. Der innere Sog wurde stärker, fast als ob jemand ein Seil um ihre Mitte befestigt hätte. Sie strauchelte in der Luft.

Ben? Unsicher blickte sie in den düsteren Gang, der wesentlich schmaler war als der Hauptgang, auf dem sie sich befand. Es sah eher aus wie eine Falle als ein richtiger Weg. Sie verharrte einen Moment, schloss kurz die Augen und verließ sich dann auf Ihre Intuition. *Er muss da sein!*

Mit wenigen Flügelschlägen legte sie eine beachtliche Strecke in kurzer Zeit zurück und bog flink um die letzte Kurve. Als sie das Ende des Gangs erreichte, strauchelte sie in der Luft. Blinzelnd versuchte sie zu verstehen, was ihre kleinen Vogeläuglein sahen: Ben nagte in seiner Fuchsgestalt wie besessen an einer Art Wurzelgeflecht. Dahinter erstreckte sich Dunkelheit.

Kaum hatte sie daran gedacht, schon verwandelte sich ihr Körper zurück in ihre menschliche Gestalt. Als sie wieder festen Boden unter den Füßen hatte, konnte sie nicht anderes und hauchte hoffnungsvoll: »Ben?!«

Wie vom Donner gerührt wirbelte der Fuchs zu ihr herum und starrte sie irritiert an. Innerhalb eines Wimpernschlages wechselte auch er die Gestalt. Seine grünen Augen wurden klar und erfassten sie. Er eilte zu ihr. »Mena!«

Ben seufzte auf, als er sie in die Arme schloss. Kurz zögerte Mena, bevor sie seine Umarmung erwiderte. Er war so anders gewesen als die letzten Male, als sie ihn gesehen hatte, aber ihr Körper sagte ihr unmissverständlich, dass es ihr Ben war, der jetzt vor ihr stand. Ein Feuer aus Glück entzündete sich in Menas Bauch. Ein leichtes Schluchzen entfuhr ihr, als sie ihre Nase in Bens Schulter grub.

Es fühlt sich so verdammt gut an, ihn in meinen Armen zu haben.

Sie fuhr ihm liebevoll durch die verwuschelten Haare und blickte in die vertrauten Augen, die sie so vermisst hatte.

»Ben, was …?« Weiter kam sie nicht, da Ben ihre Worte mit einem Kuss verschluckte. Die Welt stand für eine Sekunde still und Mena vergaß alle Probleme.

Auch er schien sich in diesem Moment zu verlieren, als plötzlich ungläubig Menas Name hinter den beiden ertönte. Erschrocken riss sich Mena von Ben los und starrte in die Richtung, aus der die

Stimme kam.

Wer ist das? Eines von den anderen Tieren? Sind wir schon entdeckt worden?

Menas Augen schnellten zu der Höhle hinter den knorrigen Ästen und als sie dort ein Gesicht entdeckte, erstarrte sie. *Was zum Teufel ...? Diesen Mann kenn ich doch ...*

Verschwommen tauchte eine Fotografie, die ihre Mutter auf ihrem Nachtisch stehen hatte, vor ihrem inneren Auge auf. Diese zeigte ihren Vater, ihre Mutter und Mena, als sie noch ein Baby war. Warum sah dieser Fremde aus wie ihr verschwundener Papa?

Ungläubig starrte Mena in die Augen des Mannes, in denen Tränen glitzerten. *Nein, das kann nicht sein!* Verwirrt ging Mena einen Schritt auf ihn zu.

Auch Ben hatte sich dem eingesperrten Mann zugewandt und erklärte ihr: »Ach ja. Mena, das ist Dan. Er ist der Grund, weshalb ich noch nicht hier herauskonnte.«

Menas Ohren rauschen, sie hörte Bens Stimme zwar, aber von weit entfernt. Ungläubig trat sie näher auf das Gefängnis zu.

»Dan ...?«, fragte sie mit gebrochener Stimme und hob ihre Hand in seine Richtung.

Dan – wie der Name meines Vaters? Das ist doch unmöglich ...

Mena starrte, ohne nur ein einziges Mal zu blinzeln, den Mann an.

Kann das sein? Oder spielt mir mein Verstand einen Streich?

Sie trat näher, versuchte, in dem dämmrigen Licht des Ganges mehr zu erkennen.

Er sieht zweifellos aus wie auf dem Foto. Etwas älter und trauriger, aber sonst genauso ... Aber was sollte er hier tun? In der Albtraumwelt – eingesperrt?

Ihre Gedanken rasten. Hatte ihre Mutter etwa all die Jahre recht gehabt mit der Entführung? Mena war sich zwar hundertprozentig sicher, dass ihre Mutter keine Ahnung von übernatürlichen Wesen, geschweige denn einer Dämonenwelt hatte, aber vielleicht war ihr Gefühl trotzdem richtig gewesen? Sie hatte immer gesagt, dass Dan sie nie aus freien Stücken verlassen hätte und etwas mit ihm passiert sein musste.

Wie ein Dolch bohrte sich ein Stich in Menas Herz. Sie hatte irgendwann nicht mehr an die absurd klingenden Geschichten ihrer Mutter geglaubt und ihr im Stillen sogar Vorwürfe gemacht, so blind vor Liebe zu sein.

Ihre Augen huschten zu Ben, der paralysiert zwischen ihr und dem Mann hin und her blickte. Auch er verstand die Situation nicht. Als er ihren Blick bemerkte, griff er fest nach ihrer Hand und drückte sie. Die Wärme seiner Handfläche gab ihr ein wenig Halt und sie atmete tief durch. Es war jetzt nicht die passende Zeit, um einen nervösen Zusammenbruch zu erleiden. Sie konzentrierte sich und zwang sich, all die brennenden Fragen vorerst herunterzuschlucken.

Dan streckte seine Hand zwischen den Gitterstäben hervor und Tränen verschleierten seinen Blick. »Mena, ich fasse es nicht. Bist du wirklich meine Mena? Mein kleines Mädchen? Du bist deiner Mutter wie aus dem Gesicht geschnitten. Du bist wunderschön. Und so wahnsinnig groß ... und erwachsen«, flüsterte er mit belegter Stimme.

Nichts und niemand hätte Mena auf diesen Moment vorbereiten können. Es fühlte sich an, als ob sie seit Jahren unbewusst auf der Suche nach etwas gewesen war, um genau hier in diesem Tunnel endlich das zu finden, was sie komplett machte.

Sie hätte nie geglaubt, dass der unerwartete Anblick ihres Vaters das sein könnte, was sie sich immer gewünscht und gebraucht hatte. Diese Wahrheit traf sie mitten ins Herz und erschütterte ihre ganze Welt. Wie eine Ertrinkende griff sie nach seiner ausgestreckten Hand.

Träume ich? Ja ich träume, verdammt! Ich träume mit Perle ... Aber das hier ist doch die Dämonenwelt, also auch die Wirklichkeit. Oder?

Einige Momente verstrichen, in denen alle drei versuchten, die Lage zu verstehen, bis Menas Vater sich mit seiner freien Hand die Tränen von der Wange wischte. Er räusperte sich und sagte: »Wir haben wohl einiges zu besprechen. Aber dies ist leider der denkbar schlechteste Ort dafür. Wir müssen hier raus, bevor uns jemand erwischt.«

Das war das Stichwort. Offensichtlich benommen deutete Ben auf die schon zernagten Wurzelstäbe. »Mena, hilf mir. Wir müssen weiter die Gitter zerstören und dann mit Dan ... deinem Vater fliehen.«

Nickend registrierte Mena, worauf ihr Freund zeigte. Viel hatte er nicht verrichten können. Gerade mal drei der hundert Wurzeln waren durchtrennt. Ben war schon drauf und dran, sich zurück in den Schattenfuchs zu verwandeln und weiter an dem Holz zu knabbern, als sie ihn in seiner Bewegung festhielt.

»Ich glaube, ich habe eine andere Idee. Lass mich etwas probieren«, flüsterte sie mit heiserer Stimme. Sie hatte ihre Fassung noch nicht ganz zurück und es schmerzte sie fast körperlich, als sie ihrem Vater ihre Hand entzog.

Du musst dich jetzt konzentrieren. Du kannst das. Du musst hier einen Durchgang schaffen, formte sie die Gedanken klar in ihrem Kopf. *Ich habe schon so oft die Traumwelt verändert, es muss auch diesmal klappen!*

Schweißperlen liefen ihre Schläfen hinunter. Es kam ihr anstrengender vor als sonst.

Plötzlich nahmen ihre Augen jedoch wahr, wie die Wurzeln des Gefängnisses auf ihr Geheiß weich und lebendig wurden. Wie Schlangen bewegten sie sich und zogen sich mit Widerwillen an die Wände des Ganges zurück. Staunend betrachteten die Männer das Schauspiel.

Mena ließ ihre Spannung erst fallen, als alle Stäbe gänzlich in den

Seitenwänden verschwunden waren.

»Unglaublich«, murmelte Ben.

Auch Menas Vater schien ergriffen von der Kraft seiner Tochter, lauschte aber sofort auf. »Es könnte sein, dass *sie* das gespürt hat«, zischte er zur Erklärung. »Pavitra ist sehr mächtig, und wenn Traummagie in ihrem Reich angewandt wird, ist es sehr wahrscheinlich, dass sie es bemerkt.«

Er winkte die beiden Jugendlichen zu sich in die Zelle. »Kommt. Die normalen Wege können wir definitiv nicht gehen. Mena, du musst uns einen Ausgang hier hinten schaffen. Wenn mich nicht alles täuscht, sind wir an der Außenseite des Baumes.«

Er führte sie in die hinterste Ecke des dunklen Raumes und legte ihre Hand behutsam auf die aufragende Wand. Bei jeder Berührung ihres Vaters war es, als ob Stromschläge durch Menas Körper fuhren. Es fühlte sich so vertraut und doch so seltsam an.

Ich habe einen Vater. Und den muss ich jetzt schnellstmöglich zusammen mit Ben hier rausholen!

Sie richtete all ihre Willenskraft auf die Wand vor sich und kniff die Augen zusammen. Hart und knorrig fühlte sich das Holz unter ihren Fingern an. Sie stellte sich die Welt hinter der Borke vor, bis ihre Finger auf einmal ins Leere griffen. Ben jubelte hinter ihr auf.

»Sehr gut!« Auch Dan lächelte ihr zu und schob erst sie und dann Ben hinaus ins Freie. Kopflos rannten die drei los – zwischen den Bäumen hindurch auf die sich dahinter erstreckende Ebene.

Erst einmal so schnell wie möglich weg von diesem Baum, bis sich irgendwo die Möglichkeit ergibt, um den Zauber zu sprechen!

Mena hatte das Gefühl, ihr Herz würde explodieren und ihre Lungen bersten. Steine und Stöckchen rollten zu ihren Füßen und ließen sie straucheln.

Es stimmt, was man sagt – je mehr man zu verlieren hat, desto mehr Angst hat man davor.

Ben griff nach ihrer kalten Hand und drückte sie fest. Sie erkannte in seinem gehetzten Blick, dass auch er zu sehr fürchtete, sie wieder zu verlieren. Die schweren Schritte ihres Vaters hinter ihnen gaben ihr aber auf eine gewisse Art Halt.

Als sie endlich aus dem Waldrand hervorbrachen, ertönte hinter ihnen ein markerschütterndes Brüllen.

»Verdammt. Sie hat unseren Ausbruch bemerkt«, entfuhr es Mena sofort und sie nestelte in ihrer Hosentasche nach dem Zettel mit dem Zauber. Als sie ihn endlich zwischen den Fingern spürte und aus ihrer Tasche zog, war es jedoch schon zu spät.

In einer schwarzen Wolke aus Schatten explodierte die Baumfront hinter ihnen und ein Schattenwesen brach aufbrausend aus ihr hervor.

»Pavitra«, flüsterte Menas Vater erstickt. Er stellte sich schützend vor Mena und Ben. Aus den Augenhöhlen der Gestalt schien Lava zu schießen und der Hass in der Stimme war förmlich greifbar, als sie ihn erblickte.

»Danavas! Warum verrottest du wertloser Verräter nicht in deiner Zelle?«

Dan machte sich groß, um von den beiden Jugendlichen abzulenken. »Ich gehe dorthin zurück, wo du mich vor Jahren herausgerissen hast. Nach Hause!«

Die Schattengestalt zischte angeekelt: »Zurück in die Menschenwelt? Du weißt gar nicht, wie sehr ich mich für dich schäme. Du hast dich von uns abgewandt, um mit diesen jämmerlichen Geschöpfen zu leben. Es ist eine Schande! Ich hatte ja die Hoffnung, dass deine Kräfte irgendwann zurückkehren würden, aber du bist und bleibst ein machtloser Wurm.«

Dans Körper versteifte sich. »Menschen sind nicht jämmerlich, nur weil sie Gefühle haben. Gefühle lassen die Menschen unberechenbar werden. Gefühle lassen Menschen über sich hinauswachsen und sich selbst finden. Lass uns gehen und dir wird nichts passieren!«, rief er voller Überzeugung.

Ein hohles Lachen ertönte aus dem dunklen Schlund. »Du drohst mir? Du hast nichts, was du mir entgegensetzen kannst, nachdem du alles, was dich ausgemacht hat, so unüberlegt hergegeben hast, Danavas!«

Doch da bewegte sich Ben und schob sich entschlossen hervor. »Er hat vielleicht keine dämonischen Kräfte mehr – aber ich schon!« Mit diesen Worten sandte er ungelenk eine Bresche aus Dunkelheit auf Pavitra zu. Nur knapp traf er das Ziel und die Anstrengung war ihm auf die Stirn geschrieben. Es dauerte keine Sekunde, bis Pavitra sich in Verteidigungsstellung gebracht hatte und selbst angriff. Mena wimmerte, als Ben von Schwärze zu Boden geworfen wurde und sich nur mühsam wieder aufrappelte.

»Der kleine Benthanir will also kämpfen? Wie niedlich«, ertönte es von der Schattengestalt zuckersüß. »Na, dann mach dich mal auf was gefasst.« Mit unheilvollem Blick wartete Pavitra, bis Ben wieder auf den Füßen stand. Mena sah, wie sein Gesicht sich wütend verzerrte. Pavitra lachte nur donnernd und schickte die nächste Wand aus Schatten auf ihren Gegner zu.

Aber auch Ben reagierte blitzschnell und ließ seinerseits Schwärze aus seinen Handflächen schießen. Vor Menas Augen prallten die Kräfte der beiden wie zwei Mauern gegeneinander. Sie hörte, wie Ben keuchte, und sah sein schmerzerfülltes Gesicht.

»Das schafft er nicht!«, fluchte Dan aufgebracht. »Er hat seine Kräfte noch nicht lange genug, um sie kontrollieren zu können. Pavitra ist viel stärker als er.«

Menas Muskeln verkrampften sich schmerzhaft mit jedem Ächzen, das Ben von sich gab. Die Schattenwand von Pavitra fraß sich durch Bens Abwehr wie eine Horde Termiten. Er würde nicht lange gegen sie ankommen.

Sie ballte die Hände zu Fäusten und spürte den zerknitterten Zettel zwischen ihren Fingern, den sie immer noch in ihrer Hand hielt.

Vielleicht können wir einfach fliehen?

Ein lautes Stöhnen ertönte von Ben, als ihn eine weitere Salve Schatten von Pavitra erwischte. Mit fliehenden Fingern entrollte Mena den Zettel mit dem Zauberspruch. Sie erinnerte sich an Frau Behrings Worte: *Der Dämon muss den Zauber hören.*

Mit einem kehligen Quietschen testete sie ihre Stimme. Sie musste laut lesen, damit Ben sie auch im Kampfgefecht hörte. Sie richtete sich auf und trat mit starken Schritten neben ihren Vater.

Mena versuchte, den Kampf zu ignorieren, und rief: »Ben! Hör mir gut zu!« Dann las sie laut die wenigen Sätze auf dem Zettel vor: »*Was dir gehört, soll nichtig sein. So vernimm die List und Menschlichkeit sei dein!*«

Bei den Worten legte Dan ihr ermutigend eine Hand auf die Schulter, eine stille Stütze. Auch Ben hörte ihre Stimme und wandte ihr den Kopf zu.

Als Menas letzte Worte verhallten, passierte einen langen Wimpernschlag gar nichts. Pavitras Macht brach ein weiteres Mal über Ben zusammen und da seine Konzentration sich auf Mena gerichtet hatte, war seine Barriere nicht stark genug. Mena sah noch, wie Ben sich krümmte, als auf einmal die Welt um sie herum zu beben begann.

Wie die Oberfläche eines Sees wackelte der Horizont und schlagartig brach die Attacke von Pavitra ab, die Dämonin begann, hysterisch zu kreischen, doch das nahm Mena nur als Nebensache wahr.

Mena erkannte, dass der Traum dabei war, sich aufzulösen. Schnell tastete sie haltsuchend nach ihrem Vater.

Hat es funktioniert?

Sie bekam Dans starke Hand zu fassen, als die Welt um sie herum verschwand.

25. Kapitel

Normale Menschen ...

Als Mena die Augen aufschlug, sah sie in Perles besorgtes Gesicht.

»Mena, was ist passiert? Du hast geschwitzt und ...«, weiter kam sie nicht, da sie erschrocken aufschrie, als neben ihr in dem Stofflager der alten Fabrik plötzlich Ben und Dan erschienen. »Wer ...?«

Abwehrend hob Perle die Fäuste gegen Menas Vater. Ben reagierte schneller als Mena und sprang auf, um Perle zu beschwichtigen.

»Kein Grund zur Panik! Er ist ... ein Freund«, setzte Ben zur Erklärung an, als es plötzlich hinter ihnen rumpelte und ein Stoffhaufen umgeworfen wurde. Wie vom Blitz getroffen fuhren alle zu dem Geräusch herum.

»Aber ich bin kein Freund!«, fauchte es aus dem Schatten.

Mena stockte der Atem. Schnell sprang sie vom Stofflager auf. Pavitra?

Sie entdeckte eine schlanke Frau mit strengen Zügen und pechschwarzen Haaren. Ihre Katzenaugen funkelten sie wütend an.

»Du! Mädchen! Was hast du getan? Warum hast du die Macht,

uns in die Menschenwelt zu bringen?«

Sie stellte sich breitbeinig in Kampfposition auf und erhob voller Zorn die Hände. »Aber eigentlich ist es auch egal, wie du es gemacht hast. Ich werde einfach genau da weitermachen, wo ich aufgehört habe.«

Ben und Menas Vater schoben sich sofort vor sie und Perle, um die erste Attacke abzufangen.

Mena bereitete sich auf einen schmerzhaften Aufprall vor, doch statt einer Wand aus Schwärze, ereilte sie nur eine Tirade von Schimpfworten. Mena blinzelte irritiert.

Was ist los? Warum greift sie nicht an?

Sie streckte sich ein wenig, um über Bens Schulter hinwegzuschauen, und erblickte die drahtige Frau, die fassungslos auf ihre Hände starrte.

Wimmert sie etwa?

Mena merkte, dass ihr Vater der Erste war, der verstand, was vor sich ging. Er brach in schallendes Gelächter aus. Mena starrte ihn irritiert an.

Er fing an zu japsen. »Das ... das ist so herrlich!« Erneut übermannte ihn ein Lachanfall. »Die große Pavitra ist ein normaler Mensch geworden. Welch eine Ironie! Mena, du hast den Zauber so laut vorgelesen, dass auch sie ihn gehört und abbekommen hat. Sie hat keine Kräfte mehr – genauso wie wir.« Sein Zeigefinger huschte zwischen Ben und ihm hin und her.

Erstarrt hörte Pavitra Dan zu und mit jedem Wort wurde ihr Kopf roter und Mena sah Wutadern sich auf ihrem Gesicht ausbreiten.

»Das kann nicht sein«, zischte Pavitra und schrie wütend auf. Erneut hob sie die Hände, um ihre Macht zu wirken, doch es passierte nichts.

Nun begann auch Ben zu lachen und drehte sich zu Mena um. »Wir haben es geschafft!«, sagte er, zog sie in seine Arme und drückte ihr einen liebevollen Kuss auf den Haaransatz.

Perle schien die Lage immer noch nicht zu verstehen, denn sie blickte weiterhin verwirrt zwischen Pavitra und Dan hin und her. Auch Mena konnte sich trotz der Umarmung nicht von der Szene losreißen. Die beiden Erwachsenen duellierten sich mit Blicken.

»Na, Pavitra«, sagte Menas Vater gehässig. »Doch nicht mehr ganz so bedrohlich ohne deine Kräfte und Bodyguards. Wo waren sie denn eigentlich, als du ihre Hilfe gebraucht hast? Du kannst dich wohl nicht einmal auf die Unterstützung der Eule verlassen, wenn es darauf ankommt? Wahrscheinlich ist sie die Erste, die eine große Party schmeißt, weil sie dich endlich los sind.« Langsam ging er einen Schritt auf die Katzen-Lady zu, während er sprach.

Fauchend wich sie vor ihm zurück. »Fass mich ja nicht an, du Verräter. Ich werde meine Kräfte schon irgendwie wiedererlangen und mit meinen Gefährten zurückkommen. Dann könnt ihr euch noch so gut verstecken. Ich werde euch finden. Allesamt!«

Pavitras Augen waren stechend, doch ihre Körperhaltung verriet ihre Unsicherheit. Vorsichtig ging sie rückwärts in Richtung der verschmierten Fensterfront des Stofflagers der Fabrikhalle und schwang sich leichtfüßig auf das Fensterbrett.

»Sie will fliehen!«, rief Mena laut und wollte sich schon in Bewegung setzen, doch ihr Vater hob beschwichtigen die Hand. »Lass sie. Sie kann uns eh nichts mehr anhaben. Ihre Kräfte werden nicht zurückkehren und als normaler Mensch ist sie keine Bedrohung für uns.«

Pavitra gab ein letztes, fürchterliches Fauchen von sich, bevor sie in die Dunkelheit der Nacht verschwand.

26. Kapitel

Eine wichtige Entschuldigung

»So, kann mir jetzt mal bitte irgendjemand erklären, was vorgefallen ist und wer dieser Typ ist?« Perle zeigte auf Dan. »Nichts für ungut, aber ich kenne Sie nicht und Sie kommen direkt aus einer Dämonenwelt.«

Die kleine Gruppe war auf dem Weg zu Menas Haus und Mena grinste benommen an Bens Schulter. Sie wusste ja selbst nicht genau, wie sie zu dem Glück kam, ihren Vater wiedergefunden zu haben, darum sagte sie nur: »Ich glaube, du bist gleich nicht mehr die Einzige, die auf Antworten brennt.« Sie nickte in Richtung der hellerleuchteten Fenster ihres Elternhauses.

Was Mama wohl sagen wird ...

Mena bemerkte, wie ihr Vater mit jedem Schritt unruhiger wurde. Sie konnte es ihm nicht verdenken.

Nach so vielen Jahren wortloser Abwesenheit wird er jetzt gleich wieder vor seiner alten Tür stehen.

Trotz ihrer Bedenken schob sie ihren Vater entschieden vorwärts.

Sie mussten nicht an der Tür klopfen – ihre Schritte hatten ihr Kommen wohl verraten. Menas Mutter riss wutentbrannt die Tür auf und wollte gerade lautstark mit einer Schimpftirade starten, als sie Dan entdeckte. Menas Herz raste. Sie wollte gar nicht wissen, wie es in ihrem Vater aussah.

Wie vom Donner gerührt hielt Menas Mutter in ihrer Bewegung inne. Ihr Mund klappte auf und zu wie bei einem Fisch, ohne dass ein einziges Wort über ihre Lippen kam.

Das kann man wohl als Schockzustand bezeichnen.

Menas Vater ging vorsichtig einen Schritt auf seine Geliebte zu. »Mein Engel. Erkennst du mich noch? Ich ... ich weiß, es ist eine Ewigkeit her ... Und es tut mir so unendlich leid!« Mena beobachtete gespannt, wie ihr Vater zögerlich die Hand ihrer Mutter ergriff. Er schien zu erwarten, dass sie zurückweichen würde, aber sie verharrte immer noch wie vom Donner gerührt auf der Türschwelle.

»Ich weiß, es sind Jahre vergangen und es ist lächerlich, dass ich hier einfach auftauche und um Verzeihung bitte. Ich kann verstehen, wenn du mich nicht anhören möchtest, aber ich würde dir wahnsinnig gerne alles erklären. Darf ich? Das würde mir die Welt bedeuten!«

»Ja, bitte!«, ertönte es da lautstark von hinten. Perles Geduldsfaden war anscheinend gerissen. Mena lächelte.

»Wir würden die Geschichte alle gerne hören!«, setzte Perle noch in forderndem Ton hinzu. Schmunzelnd löste sich Mena aus Bens Umarmung und schob ihre Mutter und ihren Vater sachte hinein ins Haus.

Als alle um den kleinen Küchentisch herum versammelt saßen und Mena jeden mit einer heißen Tasse Tee zur Beruhigung versorgt hatte, warf Dan Menas Mutter einen langen, schmerzerfüllten Blick zu.

»Damit meine Geschichte Sinn macht, muss ich wohl von vorne beginnen. Und dazu muss ich dir gleich ein Geständnis machen: Ich habe dich von Anfang an belogen – oder besser, ich habe dir etwas verschwiegen und das lastete immer auf meinen Schultern.

Eigentlich hätte ich es dir von Anfang an sagen sollen, dann hättest du die Situation vielleicht verstanden. All die Jahre hatte ich so ein schlechtes Gewissen. Aber nun habe ich die Chance, reinen Tisch zu machen. Damals, als wir uns kennengelernt haben, war ich kein normaler Mensch ... Ich war ein Alpdämon.«

Man konnte deutlich sehen, wie die Information langsam bei allen Beteiligten ankam. Ben wirkte am wenigsten schockiert, aber Perle und auch Mena starrten Dan mit aufgerissenen Augen an.

Okay ... ich habe mit vielem gerechnet, aber damit auch wieder nicht!

Auch Menas Mutter verarbeitete, was sie da gehört hatte, fassungslos klappte ihr die Kinnlade runter. »Bitte? Ein was?!«

Dan rieb sich hilflos über die Augen und setzte zu einer längeren Erklärung an. »Alpdämonen beschaffen sich ihre Energie von träumenden Menschen, die sie nachts jagen ...«

Menas Mutter lauschte seinen Ausführungen, die Mena und den anderen mehr als nur bekannt waren. Nach einiger Zeit schien sie zu begreifen, dass alle dieses Thema mit Ernst bedachten, und sog scharf die Luft ein, unterbrach ihren Mann aber nicht, als er weitersprach: »Damals war ich Teil einer Gemeinschaft von sechs Alpdämonen. Eines Tages wurde mir ein neues Opfer zugeteilt – eine alte Dame namens Ilka Behring.«

Perle schlug Mena mit offenem Mund auf den Oberschenkel.

Sie reimt sich ihren Teil auch schon zusammen ...

»Ich niste mich in ihrer Nähe ein«, sprach Dan mit Bedauern weiter. »Um ihre Gewohnheiten zu studieren, mietete ich eine Wohnung in ihrem Heimatort ... diesem Ort ... in dem ich dich traf.« Menas Vater blickte voller Liebe ihre Mutter an.

Diese starrte nur perplex in die Augen des Mannes, den sie jahrelang zu kennen gedacht hatte.

Schnell sprach Dan weiter, um ihr nicht die Möglichkeit zu geben, ein vorschnelles Urteil zu fällen. »Ab dem Moment, als ich dich traf, wollte ich kein Alp mehr sein, und fand eine Möglichkeit, ein normaler Mensch zu werden. Für den Wimpernschlag eines Momentes war mein Leben perfekt! Bis mich meine Vergangenheit einholte. Ich wurde verschleppt und aufgrund meines Verrates in der Albtraumwelt gefangen gehalten.«

Dans Stimme wurde brüchig. »Ich konnte mich noch nicht einmal von euch verabschieden. Die ganze Zeit über habe ich mir Vorwürfe gemacht und mich gefragt, was ihr wohl denken würdet. Ich war nicht mehr nach Hause gekommen. Das war wohl das Schlimmste meiner Gefangenschaft – die Ungewissheit, wie es euch geht.«

Sein Gesicht wurde traurig und er sah mit einem Mal Jahre älter aus. »Ich hätte nicht gedacht, dass ich jemals die Chance bekommen würde, euch all das zu erzählen und mich zu entschuldigen. Wenn ihr mir meine Abwesenheit nicht verzeihen könnt, verstehe ich das voll und ganz. Ich bin nur froh, dass ich mein wortloses Verschwinden in diesem Leben noch einmal aufklären konnte.«

Zärtlich ließ er seinen Blick zu Mena wandern. »Dank dir und deiner Freunde!«

Mena ergriff die Hand ihres Vaters und flüsterte: »Ich wollte Ben retten und habe nicht nur ihn, sondern auch dich wiederbekommen. Das ist das Schönste, was ich mir je hätte vorstellen können.«

Perle knuffte Mena begeistert in die Seite. »Wie krass ist das denn? Du findest einfach so in der Albtraumwelt deinen ewig verschollenen Vater wieder?! Aber weißt du, was der Umstand, dass dein Alter auch ein Dämon ist, ziemlich gut erklärt?«

Mena stutzte. *Worauf will sie hinaus?*

»Na, deine eigene Schattengestalt, in die du dich vor dem Portal verwandelt hast – die Schwalbe.«

Mena klappte der Mund auf. In ihrem Kopf drehten sich Ereignisse, die plötzlich eine völlig neue Bedeutung hatten. »Hatte ich deshalb Einlass in die Welt der Alpdämonen und du nicht?«

Perle zuckte mit den Schultern. »Wenn bei Dämonen die Vererbungslehre ähnlich funktioniert wie bei uns, dann bist du halt ein Halb-alp und hast somit Anrecht auf Zutritt zu deren Welt.«

Mena starrte ihre Freundin, dann ihren Vater und dann Ben an. Als ihr Blick wieder zurück zur Perle huschte, flüsterte sie leise: »Darum konnte ich auch in deinen Träumen sein, wenn ich dich beim Schlafen berührt habe.«

Perle nickte aufgeregt und warf Menas Vater einen auffordernden Blick zu, ihre Theorie zu bestätigen.

Dieser blies die Wangen auf und machte ein fragendes Gesicht, kam aber gar nicht dazu, eine Antwort zu geben, da sich Menas Mutter endlich mit dünner Stimme zu Wort meldete: »Jetzt ist also nicht nur mein lang verschollener Ehemann ein Dämon, sondern auch meine Tochter?«

Ihre Verunsicherung über alles, was sie gerade gehört hatte, zeigte sich deutlich in ihren angespannten Zügen.

Perle räusperte sich ungelenk: »Naja, und wenn wir schon dabei sind – Ben ist auch der Sohn eines Dämons.«

Mena stieß ihrer Freundin den Ellbogen in die Seite, musste aber leicht schmunzeln. Die angespannte Stimmung im Raum schien sich etwas zu lösen. Auch Ben begann, schief zu grinsen, während er Menas Hand ergriff.

Der Ausdruck auf dem Gesicht von Menas Mutter war nach Perles Erwähnung nur noch schockierter als vorher, also beschloss Mena, an einer anderen Stelle anzusetzen. »Mama, weißt du noch dieser Mann – Vance – der damals in das Haus neben unserem gezogen war ...?«

EPILOG

Mena fühlte sich frei und überglücklich. Der warme Sommerwind kitzelte die Unterseiten ihrer Flügel und sie ließ sich von der Thermik tragen.

Nachdem sie akzeptiert hatte, dass die Schwalbengestalt zu ihr gehörte wie einer ihrer Arme, war es schnell gegangen. Sie hatte gelernt, die Verwandlung auch in der realen Welt zu kontrollieren. Es war wie Fahrradfahren, sobald der Vorgang einmal gelernt war, ging es wie von selbst.

Sie ließ ihren Blick über die grünen Baumwipfel schweifen und hielt Ausschau nach der kleinen Lichtung, auf der Ben, ihre Eltern und sie an diesem wunderschönen Tag die Picknickdecke aufgeschlagen hatten.

Es war verrückt. Seitdem ihr Vater wieder eingezogen war, hatte sich ihr komplettes Leben verändert. Menas Mutter war zwar einige Tage still gewesen und musste erstmal alles verarbeiten, was sie erfahren hatte, war danach aber aufgetaut und eine völlig andere. Was einen bedeutenden Beitrag dazu geleistet hatte, dass sie die verrückte Geschichte ihres Mannes und ihrer Tochter glaubte, war, dass Dan Frau Behring überredet hatte, auf einen Kaffee vorbeizukommen. Die alte Frau hatte die Hand von Menas Mutter gehalten und eindringlich auf sie eingeredet. Sie hatte ihr Bewusstsein erweitert und ihr die Augen für die Welt des Übernatürlichen geöffnet. Viel unbeschwerter, als Mena ihre Mutter je erlebt hatte, tanzte sie durchs Haus und kicherte wie ein kleines Mädchen. Mena musste oft darüber schmunzeln, dass sich ihre Eltern wie frischverliebt bei jeder Gelegenheit umarmten, küssten und Händchen hielten. Es war wundervoll! Und dass Ben nun offiziell bei ihnen wohnte, machte alles tausend Mal besser. Für Menas Eltern war es sofort klar gewesen, dass sie den elternlosen Dämonensohn in ihrem Haus aufnahmen.

Nach einer kleinen Kurve entdecke Mena die Lücke zwischen den Bäumen und merkte sich die Richtung, während sie schon in einem Affenzahn abwärtsschoss. Vergnügt schloss sie die Augen und genoss den Rausch der Geschwindigkeit.

Kurz vor den Baumkronen bremste sie ihren Sturzflug etwas ab und segelte gemächlich zwischen den vielen Ästen hindurch. Sie erblickte Ben an genau der Stelle, an der sie ihn zurückgelassen hatte. Sie zwitscherte einmal laut und kreiste dann in großen Zügen um ihren Freund herum.

Dieser fing an zu lachen, als er sie entdeckte. »Ich dachte schon, du lässt mich hier jetzt allein zurück, damit du mehr von der Bratwurstschnecke abbekommst als ich.«

Ihre Eltern hatten die beiden losgeschickt, um ein paar Äste für ein Lagerfeuer zu sammeln. Beim Rumalbern hatten die beiden aber leider die Orientierung verloren.

Noch über dem Boden verwandelte sich Mena zurück in ihre normale Gestalt und setzte elegant mit den Füßen auf. Sie pikste ihrem Freund in den Bauch und sagte verschmitzt: »Naja, nachdem du dich wieder von normalen Lebensmitteln ernähren kannst anstatt von Phantasma-Energie, hast du ja auch ganz schön zugelegt. Da muss ich ja aufpassen, dass du nicht bald durch die Welt rollst.«

Bens Augen wurden groß. Er ergriff ihre Hand, die immer noch auf seinem Bauch verweilte, und zog sie zu sich. Gespielt empört sagte er: »Ich dachte, in einer Beziehung ist es normal, dass der Mann sich einen Bauch zulegt, damit er kuscheliger ist.«

Mena schlang kichernd ihre Arme um seinen Hals und stupste ihre Nase an seine. »Da hast du wohl Recht. Es gibt nichts Besseres, als mich an dich zu kuscheln. Und damals, mit den spitzen Knochen, die an jeder Stelle hervortraten, war es ganz schön ungemütlich – dann lieber Röllchen.«

Ben fing an zu lachen und hob seine Hände an Menas Wangen. »Pass auf, dass ich dich nicht auffresse, wenn du weiterhin so frech bist!«

Er zog sie zu sich ran und biss ihr liebevoll in die Unterlippe. Mena grinste und küsste ihn zurück. Sie stellte sich auf die Zehenspitzen und schloss die Augen. Ben fuhr ihr sachte durch das kurze Haar und murmelte in ihren Kuss hinein. »Ich bin so froh, dass es dich gibt ... Ich liebe dich!«

Die Fabel von Vanadis

Als das erste Mal auf dieser Welt ein Kind nachts schlecht träumte, zersprang durch seinen Schrei die gottgegebene Geborgenheit, welche es vorher wie eine Kuppel umgeben hatte, in sechs klirrende Stücke. Wie eine Klinge aus Glas zerschnitten sie die dünne Haut zwischen Traum und Wachsein. Aus jeder dieser Scherben wurde ein Alpdämon geboren.

Seit Beginn der Zeit lebten die sechs Tiere, so unterschiedlich sie auch waren, zusammen. So war es immer gewesen und nie hatte eines von ihnen an dieser Situation gezweifelt. Sie jagten zusammen, halfen sich in der Not und teilten fair ihr Hab und Gut. Die Katze war ein edles, schlankes Geschöpf mit aufmerksamen Ohren, die bei dem kleinsten Geräusch zuckten. Oft betrachtete sie die anderen Tiere mit einer kühlen Distanz und ein wenig von oben herab. Nur die Eule schien ihren Ansprüchen zu genügen.

»Pavitra«, gurrte diese, »ich meine, einen Funken Zorn in deinen Augen zu sehen. Was ist mit dir?«

Die Katze kniff die Augen zusammen und riss ihren Blick von den anderen Tieren, die gerade fraßen: »Es ist das alles hier.« Sie nickte in Richtung der anderen. »Sieh' doch hin. Ich kann es nicht mehr ertragen. Es ekelt mich an, wie die Ratte frisst, es stört mich, wie die Fledermaus schlürft, und von dem Gestank des Dachses will ich gar nicht erst anfangen.«

Die Eule erstarrte und senkte ihre Stimme: »Pavitra«, flüsterte sie schockiert. »Solche Gedanken sind töricht. Nur im Kreis der Sechs sind wir stark! Wir sind eine Familie, so war es immer und so wird es immer sein.«

Der gelbe Blick der Katze wurde stechend: »Nicht, wenn ich es ändern kann. Ich will nicht mehr gleichgestellt zu diesen niederen Geschöpfen sein. Ich habe etwas Besseres verdient. Und du auch!« Die schmalen Pupillen der Katze fixierten die mondscheibengroßen Augen der Eule: »Entweder du bist für mich oder gegen mich.«

Schnell senkte die Eule ergeben den Kopf: »Ich werde immer für dich sein, das weißt du.«

Und so geschah es, dass die Katze sich gegen das Gefüge der Gleichstellung auflehnte. Sie gewann neben der schlauen Eule den Falken als Verbündeten. Mit seiner Stärke und Präsenz war es ein Leichtes, die kleineren Säugetiere zu unterdrücken. Es wurde ein neues System erschaffen, mit der Katze an der Spitze. Die Aufgaben, die vorher immer unter allen gleich aufgeteilt gewesen waren, wurden neu sortiert. Die Katze lenkte, die Eule beriet und der Falke kontrollierte die Jagd, während die Ratte, die Fledermaus und der Dachs die Opfer zur Strecke brachten.

Es wurde beschlossen, dass nicht mehr im Rudel, sondern allein gejagt wurde, um die Effizienz zu steigern.

Ähnlich einer Schockstarre begannen die Unterdrückten, das neue System zu akzeptieren, und folgten den Anweisungen. Die Zeit verging, in der die neue Struktur sich festigte. Die Katze organisierte eine neue Behausung, einen stabilen Vorrat an Ressourcen und tüftelte mit der Eule zusammen an Plänen für die Zukunft. Es schien, als ob das neue Miteinander funktionieren könnte, bis eines Tages der Dachs von seiner Jagd nicht zurückkehrte.

Der Falke war außer sich vor Wut und kreischte die Ratte und die Fledermaus an: »Wo ist dieser Verräter? Was ist passiert? Sagt mir die Wahrheit.«

Mit einem Klingeln in den Ohren quietschte die Fledermaus zurück: »Wir wissen es nicht! Seitdem wir immer allein jagen, bekommen wir überhaupt nicht mit, wie die Jagd eines anderen verläuft. Es könnte alles passiert sein!«

Zornig sah der Falke sie an. Er wusste, dass er sich vor der Katze würde verantworten müssen, wenn nicht das ganze Rudel zurückkehrte. »Dann flieg jetzt los und finde raus, was passiert ist«, befahl er mit scharfem Ton.

Die Fledermaus zog die Ohren ein: »Aber ich kann doch nicht einfach so in sein Gebiet, ohne zu wissen, was mich erwartet«, stotterte sie kleinlaut.

»Stellst du etwa meinen Befehl in Frage?«, fragte der Falke gefährlich langsam und baute sich in voller Größe vor den beiden kleinen Tieren auf.

Die Ratte war zu schlau, als dass sie sich in diese Unterhaltung einklinken würde. Sie versuchte, unauffällig wegzusehen, und machte sich klein. Dass einer von ihnen von der Jagd nicht zurückgekehrt war, war nie passiert. Irgendetwas war dort gehörig schiefgelaufen, das war klar. Und sie wollte nicht die Nächste sein, die vom Erdboden verschluckt wurde.

Nach einem kurzen Aufbäumen der Fledermaus, das sofort mit Gewalt vom Falken niedergestreckt wurde, machte sie sich auf, den Dachs zu suchen. Der Falke und die Ratte begaben sich zurück ins Lager.

Kurz angebunden berichtete der Falke der Katze von den Geschehnissen und versicherte, dass die Fledermaus mit dem Dachs zurückkehren würde. Die Ratte beobachtete die Szene aus einiger Entfernung und ihr entging nicht, dass die Eule hastig auf den Boden sah, als sie vom Verschwinden des Dachses hörte.

Als einige Stunden vergangen waren, ohne dass sich eins der verschollenen Tiere hatte blicken lassen, tippelte die Ratte auf leisen Pfoten zur Eule.

»Hey«, flüsterte sie und pikste dem Vogel ins dicke Gefieder. Mit einem unsicheren Blick nahm die Eule den Störenfried in Augenschein.

»Du weißt, was mit dem Dachs passiert ist, nicht wahr?«, piepte die Ratte leise zu ihr hinauf.

Die Eule stockte: »Nein ... ich ... wie kommst du darauf?«

»Ich habe es in deinem Blick gesehen. Komm schon, was weißt du? Sind wir in Gefahr?«

Die Eule knirschte mit dem Schnabel und nickte in eine abgeschiedene Ecke. »Nicht hier«, flüsterte sie.

Sie drückten sich in die Nische und als sie etwas geschützter waren, fuhr sie fort: »Der Dachs kam vor ein paar Tage zu mir. Er war sich nicht sicher, ob er diese Jagd zu Ende bringen könne.«

Die Ratte überlegte: »Meinst du das Opfer, an dem er dran war, ist an seinem Verschwinden schuld?« In ihrem kleinen Köpfchen ratterte es. »Das wäre fatal. Dann sind wir alle in Gefahr. Das ist alles eure Schuld. Ihr habt die Regeln gebrochen. Alle zusammen, so war es immer und sollte es für immer sein.«

Die Eule gurrte aufgebracht: »Sei nicht so laut.«

Ohne ein weiteres Wort abzuwarten, wandte sich die Ratte ab. »Ich mache da nicht mehr mit. Ich werde nicht euer letzter Sklave sein, wenn die anderen nicht zurückkehren. Ab jetzt seid ihr auf euch gestellt, aber ohne mich!«

Den letzten Satz hatte die Ratte aufgebracht hinausgerufen.

Die feinen Ohren der Katze zucken sofort und sie trat dem kleinen Tier in den Weg. »Wenn du uns jetzt im Moment der Not verlässt, dann brauchst du gar nicht erst zurückkommen. Wir werden dich nicht wieder aufnehmen! Nicht in diesem Jahrhundert und auch nicht in den folgenden. Du wärst verbannt.«

Grimmig spuckte die Ratte aus: »Dann soll es so sein. Mit dir als Machthaber, Pavitra, will ich sowieso nicht leben.«

Register

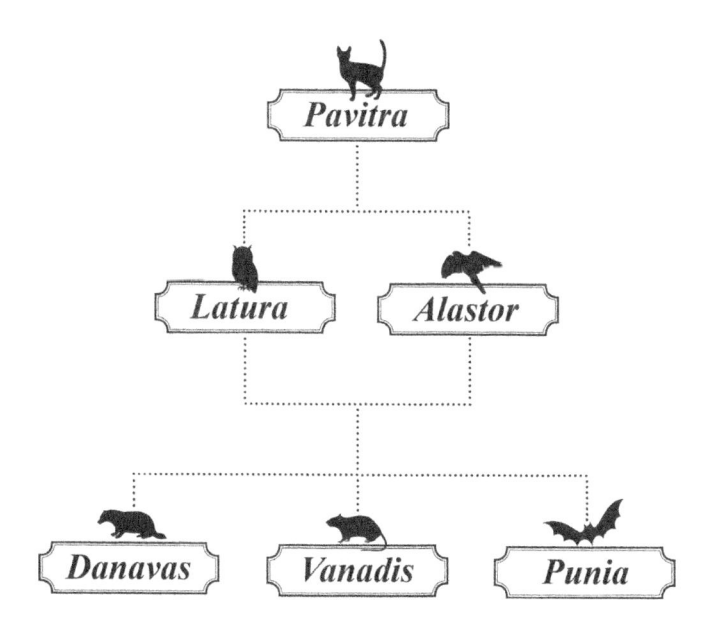

Pavitra

Latura — Alastor

Danavas — Vanadis — Punia

Pavitra (Schattengestalt: Katze)

Sie ist die Anführerin des Dämonenrudels. Nachdem sie die restlichen Tiere unterdrückt hat, führt sie mit starker Hand und unterbindet jedes Aufbegehren ohne Rücksicht auf Verluste. Sie verbannt Vanadis von der Gruppe, anstatt seinen Ungehorsam zu tolerieren. Sie ist eitel, herrschsüchtig und schlau. Dank der Feinfühligkeit ihrer Schattengestalt nimmt sie jede emotionale Schwingung ihrer Untergebenen wahr und reagiert, sei es nun listig und einschmeichelnd oder hart und unnachgiebig.

Latura (Schattengestalt: Eule)

Sie ist die Beraterin von Pavitra. Als Eule ist sie das intelligenteste Tier des Rudels. Schon immer hat sie sich hinter Pavitra versteckt. Mut ist keine ihrer vielzähligen Eigenschaften. Sie ist eher zurückhaltend, beobachtet aber stets mit wachem Verstand, was um sie herum passiert. Die anderen Tiere kommen zu ihr, wenn sie einen Rat brauchen oder ein Anliegen haben. Latura heißt in ihrem Inneren Pavitras Führungsstil nicht gut, fügt sich aber lieber, als für das Recht aller einzutreten.

Alastor (Schattengestalt: Falke)

Er ist der Vollstrecker. Pavitra hat ihn als ihre ausführende Hand ausgesucht, da er mit Muskelkraft überzeugt und keine Fragen stellt. Er liebt es, über den restlichen Rudelmitgliedern zu stehen und seine Präsenz dazu zu benutzen, andere einzuschüchtern und sich zu profilieren.

Vanadis (Schattengestalt: Ratte)

Er ist der verstoßene Alp. Vanadis hat schon während der Machtergreifung der Katze über einen Komplott gegrübelt. Er hielt sich schon immer für das gerissenste Tier. Als er von Pavitra verstoßen wurde, feierte er am Anfang das Alleinsein. Er fühlte sich unbesiegbar, da er klarkam und niemanden brauchte. Nach einigen Jahrhunderten wurde ihm jedoch langweilig und er fühlte sich einsam. Oft dachte er darüber nach, Pavitra zu stürzen und sich der Gruppe wieder anzuschließen. Nur war ihm immer bewusst, dass er in seiner Gestalt niemals genug Macht haben würde, um etwas gegen das neue Gefüge auszurichten. In seiner Isolation fand er einen Weg, einen Teil von sich abzuspalten, um sich einen Sohn zu erschaffen – Benthanir.

Danavas (Schattengestalt: Dachs)

Er war genau wie die Ratte und die Fledermaus dafür zuständig, die Energieversorgung zu gewährleisten. Die drei Tiere gingen jede Nacht dem Alp-Business nach und stahlen ihren Opfern ihre Phantasma-Energie. Danavas war eher in sich gekehrt und ruhig. Allein wäre er nie gegen Pavitra vorgegangen. Er war mit keinem Tier gut befreundet, hat sich aber immer unauffällig eingefügt und ist nicht negativ aufgefallen. Er verschwand eines Tages spurlos.

Punia (Schattengestalt: Fledermaus)

Sie ist das schwächste Glied der Kette. Nach dem Verschwinden des Dachses und der Ratte, blieb nur sie zurück als Energiebeschaffer. Ihr wurde gesagt, dass Vanadis sich gegen das Gefüge gestellt hatte und vernichtet wurde. Dieses Schicksal wollte sie nicht teilen und erfüllt gehorsam jede Aufgabe, die ihr gestellt wird.

DANKSAGUNG

Ich möchte auch dieses Mal wieder meiner Freundin Vrôni danken, ohne die dieser zweite Teil bestimmt nicht so logisch und rund geworden wäre. Mit ihrem messerscharfen Verstand hat sie jeden Denkfehler meinerseits ausgemerzt und mir damit den größten aller Gefallen getan.

Auch meinen Eltern und meinem Freund möchte ich danken, dass sie immer an mich glauben und mich unterstützen, auch wenn eine fixe Idee mal darin besteht, mich 6 Wochen nach Asien abzusetzen und am Strand mein Büchlein weiterzuschreiben. ;-)

Und natürlich möchte ich allen Lesern des ersten Teils „Auch der Mond wirft Schatten" danken, da ich ohne die ganzen positiven Rückmeldungen und der Euphorie bestimmt nicht so schnell und beschwingt die Geschichte um meine Mena hätte zu Ende schreiben können.

Auch bei Band 2 danke ich dem großartigen Team des Wreaders-Verlages, dass auch der Fortsetzung meiner Geschichte eine weitere Chance gegeben hat. Das tolle Team hat meine Bücher besser gemacht und ich freue mich, beide Teile final in Händen zu halten.